LES CENT PLUS BEAUX POÈMES
DE LA LANGUE FRANÇAISE

Paru dans Le Livre de Poche :

LES PLUS BEAUX POÈMES D'AMOUR
DE LA LANGUE FRANÇAISE

LES PLUS BEAUX POÈMES POUR LES ENFANTS

Les Cents
Plus Beaux Poèmes
de la langue française

CHOIX ET PRÉFACE DE JEAN ORIZET

LE CHERCHE MIDI

ISBN : 978-2-253-15303-0 – 1ʳᵉ publication LGF

PRÉFACE

Le titre de cette anthologie pourrait, à bon droit, sembler outrecuidant et sujet à caution s'il reflétait le seul choix, forcément arbitraire, d'un individu. Ce n'est pas le cas ici. Je me suis attaché, pour établir ce florilège, à privilégier les poèmes qui font, depuis longtemps, l'unanimité des lecteurs et amateurs de poésie.

Sans écarter ma sensibilité propre, j'ai voulu la contenir autant qu'il est possible : ce panorama procède, encore une fois, plus d'un constat de popularité que d'un parti pris personnel. Le temps a fait son œuvre. Parmi les milliers de poèmes dignes de ce nom écrits en français, du Moyen Âge au XXe siècle, certains, mieux que d'autres, se sont imposés au goût du public puis à la mémoire individuelle et collective. Comment cela ? Au fil des morceaux choisis, manuels scolaires, anthologies, émissions de radio, récitals, sondages de toutes sortes sans oublier la mise en chansons par les Brassens, Ferré, Brel et autres : elle assure au texte écrit une extraordinaire pérennité, « longtemps, longtemps après que les poètes ont disparu ».

Telle est la synthèse que j'ai tenté de réaliser avec cet ouvrage, dont l'ambition est de faire aimer au grand public le meilleur de notre patrimoine poétique.

Dans la plupart des cas, la postérité a déjà rendu son verdict : poèmes condamnés à vivre.

JEAN ORIZET

Rutebeuf

1225 ?-1285 ?

LA GRIÈCHE D'HIVER

Quand vient le temps qu'arbre défeuille
quand il ne reste en branche feuille
qui n'aille à terre,
par la pauvreté qui m'atterre,
qui de toutes parts me fait guerre,
près de l'hiver,
combien se sont changés mes vers,
mon dit commence trop divers
de triste histoire.
Peu de raison, peu de mémoire
m'a donné Dieu, le roi de gloire,
et peu de rentes,
et froid au cul quand bise vente :
le vent me vient, le vent m'évente
et trop souvent
je sens venir et revenir le vent.
La grièche m'a promis autant
qu'elle me livre :
elle me paie bien et bien me sert,
contre le sou me rend la livre
de grand misère.

La pauvreté m'est revenue,
toujours m'en est la porte ouverte,
toujours j'y suis
et jamais je ne m'en échappe.
Par pluie mouillé, par chaud suant :
Ah le riche homme !
Je ne dors que le premier somme.
De mon avoir, ne sais la somme
car je n'ai rien.
Dieu m'a fait le temps bien propice :
noires mouches en été me piquent,
en hiver blanches.
Je suis comme l'osier sauvage
ou comme l'oiseau sur la branche ;
l'été je chante,
l'hiver je pleure et me lamente
et me défeuille ainsi que l'arbre
au premier gel.
En moi n'ai ni venin ni fiel :
ne me reste rien sous le ciel,
tout passe et va.
Les enjeux que j'ai engagés
m'ont ravi tout ce que j'avais
et fourvoyé
et entraîné hors de ma voie.
J'ai engagé des enjeux fous,
je m'en souviens.
Or, bien le vois, tout va, tout vient :
tout venir, tout aller convient
hors les bienfaits[1].
Les dés que les détiers ont faits
m'ont dépouillé de mes habits ;
les dés m'occient,
les dés me guettent et m'épient,
les dés m'assaillent et me défient,
cela m'accable.
Je n'en puis rien si je m'effraie :

---

1. Glose sur le proverbe : « Tout passera fors que biens faizs. »

ne vois venir avril et mai,
voici la glace.
Or j'ai pris le mauvais chemin ;
les trompeurs [1] de basse origine
m'ont mis sans robe.
Le monde est tout rempli de ruse,
et qui ruse le plus s'en vante ;
moi qu'ai-je fait
qui de pauvreté sens le faix ?
Grièche ne me laisse en paix,
me trouble tant,
et tant m'assaille et me guerroie ;
jamais ne guérirai ce mal
par tel chemin.
J'ai trop été en mauvais lieux ;
les dés m'ont pris et enfermé :
je les tiens quittes !
Fol est qui leur conseil habite ;
de sa dette point ne s'acquitte
mais bien s'encombre,
de jour en jour accroît le nombre.
En été il ne cherche l'ombre
ni chambre fraîche
car ses membres sont souvent nus :
il oublie du voisin la peine
mais geint la sienne.
La grièche l'a attaqué,
l'a dépouillé en peu de temps
et nul ne l'aime.
...

(Poésies)

---

1. Les dés.

LA COMPLAINTE

(Fragment)

Les maux ne savent seuls venir :
Tout ce qui m'était à venir
     Est advenu.
Que sont mes amis devenus
Que j'avais de si près tenus
     Et tant aimés ?
Je crois qu'ils sont trop clair semés :
Ils ne furent pas bien fumés,
     Si m'ont failli.
Ces amis-là m'ont bien trahi,
Car, tant que Dieu m'a assailli
     En maint côté,
N'en vis un seul en mon logis :
Le vent, je crois, les m'a ôtés.
     L'amour est morte :
Ce sont amis que vent emporte,
Et il ventait devant ma porte :
     Les emporta.

(Poésies)

Charles d'Orléans

1391-1465

RONDEAUX

Le temps a laissé son manteau
De vent, de froidure et de pluie,
Et s'est vêtu de broderie,
De soleil luisant, clair et beau.

Il n'y a bête ni oiseau
Qu'en son jargon ne chante ou crie :
Le temps a laissé son manteau
De vent, de froidure et de pluie.

Rivière, fontaine et ruisseau
Portent, en parure jolie,
Gouttes d'argent d'orfèvrerie ;
Chacun s'habille de nouveau :
Le temps a laissé son manteau.

*

Hiver, vous n'êtes qu'un vilain.
Été est plaisant et gentil :

En témoignent Mai et Avril
Qui l'escortent soir et matin.

Été revêt champs, bois et fleurs
De son pavillon de verdure
Et de maintes autres couleurs
Par l'ordonnance de Nature.

Mais vous, Hiver, trop êtes plein
De neige, vent, pluie et grésil ;
On vous doit bannir en exil !
Sans point flatter, je parle plain :
Hiver, vous n'êtes qu'un vilain.

(Chansons, Rondeaux, Ballades)

François Villon

1431-1465

BALLADE DES DAMES DU TEMPS JADIS

Dites-moi où, n'en quel pays,
Est Flora, la belle Romaine ;
Archipiada, et Thaïs,
Qui fut sa cousine germaine ;
Écho, parlant quand bruit on mène
Dessus rivière ou sur étang,
Qui beauté eut trop plus qu'humaine ?
Mais où sont les neiges d'antan !

Où est la très sage Héloïs,
Pour qui fut châtré et puis moine
Pierre Esbaillart à Saint-Denis ?
Pour son amour eut cette peine.
Semblablement, où est la reine
Qui commanda que Buridan
Fût jeté en un sac en Seine ?
Mais où sont les neiges d'antan !

La reine Blanche comme un lis,
Qui chantait à voix de sirène,

Berthe au grand pied, Bietris, Allys,
Harembourgis, qui tint le Maine,
Et Jeanne, la bonne Lorraine,
Qu'Anglais brûlèrent à Rouen ;
Où sont-ils, Vierge souveraine ?...
Mais où sont les neiges d'antan !

Envoi

Prince, n'enquérez de semaine
Où elles sont, ni de cet an,
Que ce refrain ne vous remaine :
Mais où sont les neiges d'antan !

(Poésies)

BALLADE DES PENDUS

Frères humains qui après nous vivez,
N'ayez les cœurs contre nous endurcis,
Car, si pitié de nous pauvres avez,
Dieu en aura plus tôt de vous mercis.
Vous nous voyez ci attachés cinq, six :
Quant à la chair que trop avons nourrie,
Elle est piéça dévorée et pourrie,
Et nous, les os, devenons cendre et poudre.
De notre mal personne ne s'en rie ;
Mais priez Dieu que tous nous veuille absoudre !

Si frères vous clamons, pas n'en devez
Avoir dédain, quoique fûmes occis
Par justice. Toutefois, vous savez
Que tous hommes n'ont pas bon sens rassis ;
Excusez-nous, puisque sommes transis,
Envers le fils de la Vierge Marie,
Que sa grâce ne soit pour nous tarie,
Nous préservant de l'infernale foudre.
Nous sommes morts, âme ne nous harie ;
Mais priez Dieu que tous nous veuille absoudre !

La pluie nous a débués et lavés,
Et le soleil desséchés et noircis ;
Pies et corbeaux nous ont les yeux cavés,
Et arraché la barbe et les sourcils.

Jamais nul temps nous ne sommes assis ;
Puis çà, puis là, comme le vent varie,
À son plaisir sans cesser nous charrie,
Plus becquetés d'oiseaux que dés à coudre.
Ne soyez donc de notre confrérie ;
Mais priez Dieu que tous nous veuille absoudre !

Prince Jésus, qui sur tous a maistrie,
Garde qu'Enfer n'ait de nous seigneurie :
À lui n'ayons que faire ni que soudre.
Hommes, ici n'est point de moquerie ;
Mais priez Dieu que tous nous veuille absoudre !

(L'Épitaphe Villon)

Clément Marot

1496-1544

PLUS NE SUIS CE QUE J'AI ÉTÉ

Plus ne suis ce que j'ai été,
Et plus ne saurais jamais l'être.
Mon beau printemps et mon été
Ont fait le saut par la fenêtre.

Amour, tu as été mon maître,
Je t'ai servi sur tous les Dieux.
Ah si je pouvais deux fois naître,
Comme je te servirais mieux !

DE SA GRANDE AMIE

Dedans Paris, ville jolie,
Un jour, passant mélancolie,
Je pris alliance nouvelle
À la plus gaye damoiselle
Qui soit d'ici en Italie.

D'honnêteté elle est saisie,
Et crois, selon ma fantaisie
Qu'il n'en est guère de plus belle
        Dedans Paris.

Je ne la vous nommerai mie,
Sinon que c'est ma grande amie ;
Car l'alliance se fait telle
Par un doux baiser que j'eus d'elle,
Sans penser aucune infamie,
        Dedans Paris.

(Rondeaux)

Joachim du Bellay

1522-1560

« HEUREUX QUI, COMME ULYSSE... »

Heureux qui, comme Ulysse, a fait un beau voyage,
Ou comme cestui-là qui conquit la toison,
Et puis est retourné, plein d'usage et raison,
Vivre entre ses parents le reste de son âge !

Quand reverrai-je, hélas ! de mon petit village
Fumer la cheminée, et en quelle saison
Reverrai-je le clos de ma pauvre maison,
Qui m'est une province, et beaucoup davantage ?

Plus me plaît le séjour qu'ont bâti mes aïeux,
Que des palais romains le front audacieux ;
Plus que le marbre dur, me plaît l'ardoise fine,

Plus mon Loire gaulois que le Tibre latin,
Plus mon petit Liré que le mont Palatin,
Et plus que l'air marin la douceur angevine.

(Les Regrets)

Pierre de Ronsard

1524-1585

Mignonne, allons voir si la rose
Qui ce matin avait déclose
Sa robe de pourpre au Soleil,
A point perdu cette vesprée
Les plis de sa robe pourprée,
Et son teint au vôtre pareil.

Las ! Voyez comme en peu d'espace,
Mignonne, elle a dessus la place,
Las ! las ! ses beautés laissé choir !
Ô vraiment marâtre Nature,
Puisqu'une telle fleur ne dure
Que du matin jusques au soir !

Donc, si vous me croyez, mignonne,
Tandis que votre âge fleuronne
En sa plus verte nouveauté,
Cueillez, cueillez votre jeunesse :
Comme à cette fleur, la vieillesse
Fera ternir votre beauté.

(Odes)

« QUAND VOUS SEREZ BIEN VIEILLE... »

Quand vous serez bien vieille, au soir, à la chandelle,
Assise auprès du feu, dévidant et filant,
Direz, chantant mes vers, en vous émerveillant :
« Ronsard me célébrait du temps que j'étais belle ! »

Lors, vous n'aurez servante oyant telle nouvelle,
Déjà sous le labeur à demi sommeillant,
Qui, au bruit de Ronsard ne s'aille réveillant,
Bénissant votre nom de louange immortelle.

Je serai sous la terre, et, fantôme sans os,
Par les ombres myrteux je prendrai mon repos :
Vous serez au foyer une vieille accroupie,

Regrettant mon amour et votre fier dédain.
Vivez, si m'en croyez, n'attendez à demain :
Cueillez dès aujourd'hui les roses de la vie.

(Le second livre des *Sonnets pour Hélène*)

Louise Labé

1526-1566

Je vis, je meurs ; je me brûle et me noie ;
J'ai chaud extrême en endurant froidure :
La vie m'est et trop molle et trop dure.
J'ai grands ennuis entremêlés de joie.

Tout à un coup je ris et je larmoie,
Et en plaisir maint grief tourment j'endure ;
Mon bien s'en va, et à jamais il dure :
Tout en un coup je sèche et je verdoie.

Ainsi Amour inconstamment me mène ;
Et, quand je pense avoir plus de douleur,
Sans y penser je me trouve hors de peine.

Puis, quand je crois ma joie être certaine,
Et être au haut de mon désiré heur,
Il me remet en mon premier malheur.

(Sonnets)

24

François de Malherbe

1555-1628

CONSOLATION À MONSIEUR DU PÉRIER SUR LA MORT
DE SA FILLE

Ta douleur, Du Périer, sera donc éternelle,
     Et les tristes discours
Que te met en l'esprit l'amitié paternelle
     L'augmenteront toujours !

Le malheur de ta fille au tombeau descendue
     Par un commun trépas,
Est-ce quelque dédale, où ta raison perdue
     Ne se retrouve pas ?

Je sais de quels appas son enfance était pleine,
     Et n'ai pas entrepris,
Injurieux ami, de soulager ta peine
     Avecque son mépris.

Mais elle était du monde, où les plus belles choses
     Ont le pire destin ;
Et rose elle a vécu ce que vivent les roses,
     L'espace d'un matin.

Puis quand ainsi serait, que selon ta prière,
        Elle aurait obtenu
D'avoir en cheveux blancs terminé sa carrière,
        Qu'en fût-il advenu ?

Penses-tu que, plus vieille, en la maison céleste
        Elle eût eu plus d'accueil ?
Ou qu'elle eût moins senti la poussière funeste
        Et les vers du cercueil ?

Non, non, mon Du Périer, aussitôt que la Parque
        Ôte l'âme du corps,
L'âge s'évanouit au deçà de la barque,
        Et ne suit point les morts...

Ne te lasse donc plus d'inutiles complaintes,
        Mais, sage à l'avenir,
Aime une ombre comme ombre, et de cendres éteintes
        Éteins le souvenir...

La Mort a des rigueurs à nulle autre pareilles ;
        On a beau la prier,
La cruelle qu'elle est se bouche les oreilles,
        Et nous laisse crier.

Le pauvre en sa cabane, où le chaume le couvre,
        Est sujet à ses lois ;
Et la garde qui veille aux barrières du Louvre
        N'en défend point nos rois.

De murmurer contre elle, et perdre patience,
        Il est mal à propos ;
Vouloir ce que Dieu veut est la seule science
        Qui nous met en repos.

                                        (Poésies complètes)

Pierre Corneille

1606-1684

STANCES À LA MARQUISE

Marquise, si mon visage
A quelques traits un peu vieux,
Souvenez-vous qu'à mon âge
Vous ne vaudrez guère mieux.

Le temps aux plus belles choses
Se plaît à faire un affront ;
Il saura faner vos roses
Comme il a ridé mon front.

Le même cours des planètes
Règle nos jours et nos nuits :
On m'a vu ce que vous êtes ;
Vous serez ce que je suis.

Cependant j'ai quelques charmes
Qui sont assez éclatants
Pour n'avoir pas trop d'alarmes
De ces ravages du temps.

Vous en avez qu'on adore,
Mais ceux que vous méprisez
Pourraient bien durer encore
Quand ceux-là seront usés.

Ils pourront sauver la gloire
Des yeux qui me semblent doux
Et dans mille ans faire croire
Ce qu'il me plaira de vous.

Chez cette race nouvelle
Où j'aurai quelque crédit,
Vous ne passerez pour belle
Qu'autant que je l'aurai dit.

Pensez-y, belle Marquise :
Quoiqu'un grison fasse effroi,
Il vaut bien qu'on le courtise
Quand il est fait comme moi.

LES IMPRÉCATIONS DE CAMILLE

Rome, l'unique objet de mon ressentiment !
Rome, à qui vient ton bras d'immoler mon amant !
Rome qui t'a vu naître, et que ton cœur adore !
Rome enfin que je hais parce qu'elle t'honore !
Puissent tous ses voisins ensemble conjurés
Saper ses fondements encor mal assurés !
Et si ce n'est assez de toute l'Italie,
Que l'Orient contre elle à l'Occident s'allie ;
Que cent peuples unis des bouts de l'univers
Passent pour la détruire et les monts et les mers !
Qu'elle-même sur soi renverse ses murailles,
Et de ses propres mains déchire ses entrailles !
Que le courroux du ciel allumé par mes vœux
Fasse pleuvoir sur elle un déluge de feux !
Puissé-je de mes yeux y voir tomber ce foudre,
Voir ses maisons en cendre, et tes lauriers en poudre,
Voir le dernier Romain à son dernier soupir,
Moi seule en être cause, et mourir de plaisir !

(*Horace*, acte IV, scène 5)

RÉCIT DE RODRIGUE

Nous partîmes cinq cents ; mais par un prompt renfort
Nous nous vîmes trois mille en arrivant au port,
Tant, à nous voir marcher avec un tel visage,
Les plus épouvantés reprenaient de courage !
J'en cache les deux tiers, aussitôt qu'arrivés,
Dans le fond des vaisseaux qui lors furent trouvés ;
Le reste, dont le nombre augmentait à toute heure,
Brûlant d'impatience autour de moi demeure,
Se couche contre terre, et sans faire aucun bruit,
Passe une bonne part d'une si belle nuit.
Par mon commandement la garde en fait de même,
Et se tenant cachée, aide à mon stratagème ;
Et je feins hardiment d'avoir reçu de vous
L'ordre qu'on me voit suivre et que je donne à tous.
Cette obscure clarté qui tombe des étoiles
Enfin avec le flux nous fait voir trente voiles ;
L'onde s'enfle dessous, et d'un commun effort
Les Mores et la mer montent jusques au port.
On les laisse passer ; tout leur paraît tranquille :
Point de soldats au port, point aux murs de la ville.
Notre profond silence abusant leurs esprits,
Ils n'osent plus douter de nous avoir surpris ;
Ils abordent sans peur, ils ancrent, ils descendent,
Et courent se livrer aux mains qui les attendent.
Nous nous levons alors, et tous en même temps
Poussons jusques au ciel mille cris éclatants.
Les nôtres, à ces cris, de nos vaisseaux répondent ;

Ils paraissent armés, les Mores se confondent,
L'épouvante les prend à demi descendus ;
Avant que de combattre, ils s'estiment perdus.
Ils couraient au pillage, et rencontrent la guerre ;
Nous les pressons sur l'eau, nous les pressons sur terre,
Et nous faisons courir des ruisseaux de leur sang,
Avant qu'aucun résiste ou reprenne son rang.
Mais bientôt, malgré nous, leurs princes les rallient,
Leur courage renaît, et leurs terreurs s'oublient :
La honte de mourir sans avoir combattu
Arrête leur désordre, et leur rend leur vertu.
Contre nous de pied ferme ils tirent leurs alfanges,
De notre sang au leur font d'horribles mélanges ;
Et la terre, et le fleuve, et leur flotte, et le port,
Sont des champs de carnage, où triomphe la mort.
Ô combien d'actions, combien d'exploits célèbres
Sont demeurés sans gloire au milieu des ténèbres,
Où chacun, seul témoin des grands coups qu'il donnait,
Ne pouvait discerner où le sort inclinait !
J'allais de tous côtés encourager les nôtres,
Faire avancer les uns, et soutenir les autres,
Ranger ceux qui venaient, les pousser à leur tour,
Et ne l'ai pu savoir jusques au point du jour.
Mais enfin sa clarté montre notre avantage :
Le More voit sa perte et perd soudain courage ;
Et voyant un renfort qui nous vient secourir,
L'ardeur de vaincre cède à la peur de mourir.
Ils gagnent leurs vaisseaux, ils en coupent les câbles,
Poussent jusques aux cieux des cris épouvantables,
Font retraite en tumulte, et sans considérer
Si leurs rois avec eux peuvent se retirer.
Pour souffrir ce devoir leur frayeur est trop forte :
Le flux les apporta, le reflux les remporte ;
Cependant que leurs rois, engagés parmi nous,
Et quelque peu des leurs, tous percés de nos coups,
Disputent vaillamment et vendent bien leur vie.
À se rendre moi-même en vain je les convie :
Le cimeterre au poing, ils ne m'écoutent pas ;
Mais, voyant à leurs pieds tomber tous leurs soldats,

Et que seuls désormais en vain ils se défendent,
Ils demandent le chef : je me nomme, ils se rendent.
Je vous les envoyai tous deux en même temps ;
Et le combat cessa faute de combattants.

(*Le Cid*, acte IV, scène 3)

STANCES DU CID

Percé jusques au fond du cœur
D'une atteinte imprévue aussi bien que mortelle,
Misérable vengeur d'une juste querelle,
Et malheureux objet d'une injuste rigueur,
Je demeure immobile, et mon âme abattue
  Cède au coup qui me tue.
  Si près de voir mon feu récompensé,
   Ô Dieu, l'étrange peine !
  En cet affront mon père est l'offensé,
  Et l'offenseur, le père de Chimène !

  Que je sens de rudes combats !
Contre mon propre honneur mon amour s'intéresse :
Il faut venger un père, et perdre une maîtresse.
L'un m'anime le cœur, l'autre retient mon bras.
Réduit au triste choix ou de trahir ma flamme,
  Ou de vivre en infâme,
  Des deux côtés mon mal est infini.
   Ô Dieu, l'étrange peine !
  Faut-il laisser un affront impuni ?
  Faut-il punir le père de Chimène ?

  Père, maîtresse, honneur, amour,
Noble et dure contrainte, aimable tyrannie,
Tous mes plaisirs sont morts, ou ma gloire ternie.
L'un me rend malheureux, l'autre indigne du jour.

Cher et cruel espoir d'une âme généreuse,
    Mais ensemble amoureuse,
  Digne ennemi de mon plus grand bonheur,
    Fer qui causes ma peine,
  M'es-tu donné pour venger mon honneur ?
  M'es-tu donné pour perdre ma Chimène ?

    Il vaut mieux courir au trépas.
Je dois à ma maîtresse aussi bien qu'à mon père :
J'attire en me vengeant sa haine et sa colère ;
J'attire ses mépris en ne me vengeant pas.
À mon plus doux espoir l'un me rend infidèle,
    Et l'autre indigne d'elle.
  Mon mal augmente à le vouloir guérir ;
    Tout redouble ma peine.
  Allons, mon âme ; et, puisqu'il faut mourir,
  Mourons du moins sans offenser Chimène...

  ... Oui, mon esprit s'était déçu.
Je dois tout à mon père avant qu'à ma maîtresse :
Que je meure au combat, ou meure de tristesse,
Je rendrai mon sang pur comme je l'ai reçu.
Je m'accuse déjà de trop de négligence :
    Courons à la vengeance ;
  Et, tout honteux d'avoir tant balancé,
    Ne soyons plus en peine,
  Puisque aujourd'hui mon père est l'offensé,
  Si l'offenseur est père de Chimène.

                              (*Le Cid*, acte I, scène 6)

Jean de La Fontaine

1621-1695

LA CIGALE ET LA FOURMI

La Cigale, ayant chanté
    Tout l'été,
Se trouva fort dépourvue
Quand la bise fut venue :
Pas un seul petit morceau
De mouche ou de vermisseau.
Elle alla crier famine
Chez la Fourmi sa voisine,
La priant de lui prêter
Quelque grain pour subsister
Jusqu'à la saison nouvelle.
« Je vous paierai, lui dit-elle,
Avant l'août, foi d'animal,
Intérêt et principal. »
La Fourmi n'est pas prêteuse :
C'est là son moindre défaut.
« Que faisiez-vous au temps cha~
Dit-elle à cette emprunteuse.
— Nuit et jour à tout venant

Je chantais, ne vous déplaise.
– Vous chantiez ? j'en suis fort aise :
Eh bien ! dansez maintenant. »

(*Livre I*, fable 1)

LE CORBEAU ET LE RENARD

Maître Corbeau, sur un arbre perché,
Tenait en son bec un fromage.
Maître Renard, par l'odeur alléché,
Lui tint à peu près ce langage :
« Hé ! bonjour, monsieur Du Corbeau
Que vous êtes joli ! que vous me semblez beau !
Sans mentir, si votre ramage
Se rapporte à votre plumage,
Vous êtes le phénix des hôtes de ces bois. »
À ces mots le corbeau ne se sent plus de joie ;
Et, pour montrer sa belle voix,
Il ouvre un large bec, laisse tomber sa proie.
Le renard s'en saisit et dit : « Mon bon monsieur,
Apprenez que tout flatteur
Vit aux dépens de celui qui l'écoute :
Cette leçon vaut bien un fromage, sans doute. »
Le corbeau, honteux et confus
Jura, mais un peu tard, qu'on ne l'y prendrait plus.

(*Livre I*, fable 2)

LE LABOUREUR ET SES ENFANTS

Travaillez, prenez de la peine :
C'est le fond qui manque le moins.
Un riche laboureur, sentant sa mort prochaine,
Fit venir ses enfants, leur parla sans témoins.
« Gardez-vous, leur dit-il, de vendre l'héritage
Que nous ont laissé nos parents :
Un trésor est caché dedans.
Je ne sais pas l'endroit, mais un peu de courage
Vous le fera trouver : vous en viendrez à bout.
Remuez votre champ dès qu'on aura fait l'août :
Creusez, fouillez, bêchez ; ne laissez nulle place
Où la main ne passe et repasse. »
Le père mort, les fils vous retournent le champ,
Deçà, delà, partout ; si bien qu'au bout de l'an
Il en rapporta davantage.
D'argent, point de caché. Mais le père fut sage
De leur montrer avant sa mort,
Que le travail est un trésor.

(*Livre V*, fable 9)

LES DEUX PIGEONS

Deux Pigeons s'aimaient d'amour tendre :
L'un d'eux, s'ennuyant au logis,
Fut assez fou pour entreprendre
Un voyage en lointain pays.
L'autre lui dit : « Qu'allez-vous faire ?
Voulez-vous quitter votre frère ?
L'absence est le plus grand des maux :
Non pas pour vous, cruel ! Au moins, que les travaux,
Les dangers, les soins du voyage,
Changent un peu votre courage.
Encor, si la saison s'avançait davantage !
Attendez les zéphirs : qui vous presse ? un corbeau
Tout à l'heure annonçait malheur à quelque oiseau.
Je ne songerai plus que rencontre funeste,
Que faucons, que réseaux, « Hélas ! dirai-je, il pleut :
« Mon frère a-t-il tout ce qu'il veut,
« Bon soupé, bon gîte, et le reste ? »
Ce discours ébranla le cœur
De notre imprudent voyageur ;
Mais le désir de voir et l'humeur inquiète
L'emportèrent enfin. Il dit : « Ne pleurez point ;
Trois jours au plus rendront mon âme satisfaite ;
Je reviendrai dans peu conter de point en point
Mes aventures à mon frère ;
Je le désennuierai. Quiconque ne voit guère
N'a guère à dire aussi. Mon voyage dépeint
Vous sera d'un plaisir extrême.

Je dirai : « J'étais là ; telle chose m'advint » ;
      Vous y croirez être vous-même. »
À ces mots, en pleurant, ils se dirent adieu.
Le voyageur s'éloigne ; et voilà qu'un nuage
L'oblige de chercher retraite en quelque lieu.
Un seul arbre s'offrit, tel encor que l'orage
Maltraita le Pigeon en dépit du feuillage.
L'air devenu serein, il part tout morfondu,
Sèche du mieux qu'il peut son corps chargé de pluie ;
Dans un champ à l'écart voit du blé répandu,
Voit un pigeon auprès : cela lui donne envie ;
Il y vole, il est pris : ce blé couvrait d'un las
      Les menteurs et traîtres appas.
Le las était usé ; si bien que, de son aile,
De ses pieds, de son bec, l'oiseau le rompt enfin ;
Quelque plume y périt ; et le pis du destin
Fut qu'un certain vautour, à la serre cruelle,
Vit notre malheureux, qui, traînant la ficelle
Et les morceaux du las qui l'avait attrapé,
      Semblait un forçat échappé.
Le vautour s'en allait le lier, quand des nues
Fond à son tour un aigle aux ailes étendues.
Le Pigeon profita du conflit des voleurs,
S'envola, s'abattit auprès d'une masure,
      Crut, pour ce coup, que ses malheurs
      Finiraient par cette aventure ;
Mais un fripon d'enfant (cet âge est sans pitié)
Prit sa fronde et du coup tua plus d'à moitié
      La volatile malheureuse,
      Qui, maudissant sa curiosité,
      Traînant l'aile et tirant le pié,
      Demi-morte et demi-boiteuse,
      Droit au logis s'en retourna :
      Que bien, que mal, elle arriva
      Sans autre aventure fâcheuse.
Voilà nos gens rejoints ; et je laisse à juger
De combien de plaisirs ils payèrent leurs peines.

Amants, heureux amants, voulez-vous voyager ?
        Que ce soit aux rives prochaines.
Soyez-vous l'un à l'autre un monde toujours beau,
        Toujours divers, toujours nouveau ;
Tenez-vous lieu de tout, comptez pour rien le reste.
J'ai quelquefois aimé : je n'aurais pas alors,
        Contre le Louvre et ses trésors,
Contre le firmament et sa voûte céleste,
        Changé les bois, changé les lieux
Honorés par les pas, éclairés par les yeux
        De l'aimable et jeune Bergère
        Pour qui, sous le fils de Cythère,
Je servis, engagé par mes premiers serments.
Hélas ! quand reviendront de semblables moments ?
Faut-il que tant d'objets si doux et si charmants
Me laissent vivre au gré de mon âme inquiète ?
Ah ! si mon cœur osait encor se renflammer !
Ne sentirai-je plus de charme qui m'arrête ?
        Ai-je passé le temps d'aimer ?

                              (*Livre IX*, II)

41

Nicolas Boileau-Despréaux

1636-1711

LES EMBARRAS DE PARIS

Qui frappe l'air, bon Dieu ! de ces lugubres cris ?
Est-ce donc pour veiller qu'on se couche à Paris ?
Et quel fâcheux démon, durant les nuits entières,
Rassemble ici les chats de toutes les gouttières ?
J'ai beau sauter du lit, plein de trouble et d'effroi,
Je pense qu'avec eux tout l'enfer est chez moi :
L'un miaule en grondant comme un tigre en furie ;
L'autre roule sa voix comme un enfant qui crie.
Ce n'est pas tout encor : les souris et les rats
Semblent, pour m'éveiller, s'entendre avec les chats,
Plus importuns pour moi, durant la nuit obscure,
Que jamais, en plein jour, ne fut l'abbé de Pure.
Tout conspire à la fois à troubler mon repos,
Et je me plains ici du moindre de mes maux :
Car à peine les coqs, commençant leur ramage,
Auront des cris aigus frappé le voisinage
Qu'un affreux serrurier, laborieux Vulcain,
Qu'éveillera bientôt l'ardente soif du gain,
Avec un fer maudit, qu'à grand bruit il apprête,
De cent coups de marteau me va fendre la tête.
J'entends déjà partout les charrettes courir,

Les maçons travailler, les boutiques s'ouvrir :
Tandis que dans les airs mille cloches émues
D'un funèbre concert font retentir les nues ;
Et, se mêlant au bruit de la grêle et des vents,
Pour honorer les morts font mourir les vivants.
    Encor je bénirais la bonté souveraine,
Si le ciel à ces maux avait borné ma peine ;
Mais si, seul en mon lit, je peste avec raison,
C'est encor pis vingt fois en quittant la maison ;
En quelque endroit que j'aille, il faut fendre la presse
D'un peuple d'importuns qui fourmillent sans cesse.
L'un me heurte d'un ais dont je suis tout froissé ;
Je vois d'un autre coup mon chapeau renversé.
Là, d'un enterrement la funèbre ordonnance
D'un pas lugubre et lent vers l'église s'avance ;
Et plus loin des laquais l'un l'autre s'agaçants,
Font aboyer les chiens et jurer les passants.
Des paveurs en ce lieu me bouchent le passage ;
Là, je trouve une croix de funeste présage,
Et des couvreurs grimpés au toit d'une maison
En font pleuvoir l'ardoise et la tuile à foison.
Là, sur une charrette une poutre branlante
Vient menaçant de loin la foule qu'elle augmente ;
Six chevaux attelés à ce fardeau pesant
Ont peine à l'émouvoir sur le pavé glissant.
D'un carrosse en tournant il accroche une roue,
Et du choc le renverse en un grand tas de boue :
Quand un autre à l'instant s'efforçant de passer,
Dans le même embarras se vient embarrasser.
Vingt carrosses bientôt arrivant à la file
Y sont en moins de rien suivis de plus de mille ;
Et, pour surcroît de maux, un sort malencontreux
Conduit en cet endroit un grand troupeau de bœufs ;
Chacun prétend passer ; l'un mugit, l'autre jure.
Des mulets en sonnant augmentent le murmure.
Aussitôt cent chevaux dans la foule appelés
De l'embarras qui croît ferment les défilés,
Et partout les passants, enchaînant les brigades,
Au milieu de la paix font voir les barricades.

On n'entend que des cris poussés confusément :
Dieu, pour s'y faire ouïr, tonnerait vainement.
Moi donc, qui dois souvent en certain lieu me rendre,
Le jour déjà baissant, et qui suis las d'attendre,
Ne sachant plus tantôt à quel saint me vouer,
Je me mets au hasard de me faire rouer.
Je saute vingt ruisseaux, j'esquive, je me pousse ;
Guénaud sur son cheval en passant m'éclabousse,
Et, n'osant plus paraître en l'état où je suis,
Sans songer où je vais, je me sauve où je puis.
    Tandis que dans un coin en grondant je m'essuie,
Souvent, pour m'achever, il survient une pluie :
On dirait que le ciel, qui se fond tout en eau,
Veuille inonder ces lieux d'un déluge nouveau.
Pour traverser la rue, au milieu de l'orage,
Un ais sur deux pavés forme un étroit passage ;
Le plus hardi laquais n'y marche qu'en tremblant :
Il faut pourtant passer sur ce pont chancelant ;
Et les nombreux torrents qui tombent des gouttières,
Grossissant les ruisseaux, en ont fait des rivières.
J'y passe en trébuchant ; mais malgré l'embarras,
La frayeur de la nuit précipite mes pas.
    Car, sitôt que du soir les ombres pacifiques
D'un double cadenas font fermer les boutiques ;
Que, retiré chez lui, le paisible marchand
Va revoir ses billets et compter son argent ;
Que dans le Marché-Neuf tout est calme et tranquille,
Les voleurs à l'instant s'emparent de la ville.
Le bois le plus funeste et le moins fréquenté
Est, au prix de Paris, un lieu de sûreté.
Malheur donc à celui qu'une affaire imprévue
Engage un peu trop tard au détour d'une rue !
Bientôt quatre bandits lui serrent les côtés :
La bourse !... Il faut se rendre ; ou bien non, résistez,
Afin que votre mort, de tragique mémoire,
Des massacres fameux aille grossir l'histoire.
Pour moi, fermant ma porte et cédant au sommeil,
Tous les jours je me couche avecque le soleil ;
Mais en ma chambre à peine ai-je éteint la lumière,

Qu'il ne m'est plus permis de fermer la paupière.
Des filous effrontés, d'un coup de pistolet,
Ébranlent ma fenêtre et percent mon volet ;
J'entends crier partout : Au meurtre ! On m'assassine !
Ou : Le feu vient de prendre à la maison voisine !
Tremblant et demi-mort, je me lève à ce bruit,
Et souvent sans pourpoint je cours toute la nuit.
Car le feu, dont la flamme en ondes se déploie,
Fait de notre quartier une seconde Troie,
Où maint Grec affamé, maint avide Argien,
Au travers des charbons va piller le Troyen.
Enfin sous mille crocs la maison abîmée
Entraîne aussi le feu qui se perd en fumée.
   Je me retire donc, encor pâle d'effroi ;
Mais le jour est venu quand je rentre chez moi.
Je fais pour reposer un effort inutile :
Ce n'est qu'à prix d'argent qu'on dort en cette ville.
Il faudrait, dans l'enclos d'un vaste logement,
Avoir loin de la rue un autre appartement.
   Paris est pour un riche un pays de Cocagne :
Sans sortir de la ville, il trouve la campagne ;
Il peut dans son jardin, tout peuplé d'arbres verts,
Recéler le printemps au milieu des hivers ;
Et, foulant le parfum de ses plantes fleuries,
Aller entretenir ses douces rêveries.
   Mais moi, grâce au destin, qui n'ai ni feu ni lieu,
Je me loge où je puis et comme il plaît à Dieu.

(Satires)

Jean Racine

1639-1699

LE PAYSAGE OU PROMENADE DE
PORT-ROYAL DES CHAMPS

Ode IV

DE L'ÉTANG

Que c'est une chose charmante,
De voir cet étang gracieux
Où, comme en un lit précieux,
L'onde est toujours calme et dormante !
Mes yeux, contemplons de plus près
Les inimitables portraits
  De ce miroir humide ;
Voyons bien les charmes puissants
Dont sa glace liquide
Enchante et trompe tous les sens.

Déjà je vois sous ce rivage
La terre jointe avec les cieux,
Faire un chaos délicieux

Et de l'onde et de leur image.
Je vois le grand astre du jour
Rouler, dans ce flottant séjour,
    Le char de la lumière ;
Et, sans offenser de ses feux
    La fraîcheur coutumière,
Dorer son cristal lumineux.

Je vois les tilleuls et les chênes,
Ces géants de cent bras armés,
Ainsi que d'eux-mêmes charmés,
Y mirer leurs têtes hautaines ;
Je vois aussi leurs grands rameaux
Si bien tracer dedans les eaux
    Leur mobile peinture,
Qu'on ne sait si l'onde, en tremblant,
    Fait trembler leur verdure,
Ou plutôt l'air même et le vent.

Là l'hirondelle voltigeante,
Rasant les flots clairs et polis,
Y vient, avec cent petits cris,
Baiser son image naissante.
Là mille autres petits oiseaux
Peignent encore dans les eaux
    Leur éclatant plumage :
L'œil ne peut juger au-dehors
    Qui vole ou bien qui nage
De leurs ombres et de leurs corps.

Quelles richesses admirables
N'ont point ces nageurs marquetés,
Ces poissons aux dos argentés,
Sur leurs écailles agréables !
Ici je les vois s'assembler,
Se mêler et se démêler,
    Dans leur couche profonde ;
Là je les vois (Dieu ! quels attraits !)

Se promenant dans l'onde,
Se promener dans les forêts.

Je les vois, en troupes légères,
S'élancer de leur lit natal ;
Puis tombant, peindre en ce cristal
Mille couronnes passagères.
L'on dirait que, comme envieux
De voir nager dedans ces lieux
    Tant de bandes volantes,
Perçant les remparts entrouverts
    De leurs prisons brillantes,
Ils veulent s'enfuir dans les airs.

Enfin, ce beau tapis liquide
Semble enfermer entre ses bords,
Tout ce que vomit de trésors
L'Océan sur un sable aride :
Ici l'or et l'azur des cieux
Font de leur éclat précieux
    Comme un riche mélange ;
Là l'émeraude des rameaux,
    D'une agréable frange,
Entoure le cristal des eaux.

Mais quelle soudaine tourmente,
Comme de beaux songes trompeurs,
Dissipant toutes les couleurs,
Vient réveiller l'onde dormante ?
Déjà ses flots entre-poussés
Roulent cent monceaux empressés
    De perles ondoyantes,
Et n'étalent pas moins d'attraits
    Sur leurs vagues bruyantes
Que dans leurs tranquilles portraits.

(1655)

THÉRAMÈNE

À peine nous sortions des portes de Trézène,
Il était sur son char ; ses gardes affligés
Imitaient son silence, autour de lui rangés.
Il suivait tout pensif le chemin de Mycènes ;
Sa main sur ses chevaux laissait flotter les rênes.
Ses superbes coursiers, qu'on voyait autrefois
Pleins d'une ardeur si noble obéir à sa voix,
L'œil morne maintenant et la tête baissée
Semblaient se conformer à sa triste pensée.
Un effroyable cri, sorti du fond des flots,
Des airs en ce moment a troublé le repos ;
Et du sein de la terre une voix formidable
Répond en gémissant à ce cri redoutable.
Jusqu'au fond de nos cœurs notre sang s'est glacé.
Des coursiers attentifs le crin s'est hérissé.
Cependant sur le dos de la plaine liquide
S'élève à gros bouillons une montagne humide.
L'onde approche, se brise, et vomit à nos yeux,
Parmi des flots d'écume, un monstre furieux.
Son front large est armé de cornes menaçantes ;
Tout son corps est couvert d'écailles jaunissantes ;
Indomptable taureau, dragon impétueux,
Sa croupe se recourbe en replis tortueux.
Ses longs mugissements font trembler le rivage.
Le ciel avec horreur voit ce monstre sauvage ;
La terre s'en émeut, l'air en est infecté ;
Le flot, qui l'apporta, recule épouvanté.

Tout fuit ; et sans s'armer d'un courage inutile,
Dans le temple voisin chacun cherche un asile.
Hippolyte lui seul, digne fils d'un héros,
Arrête ses coursiers, saisit ses javelots,
Pousse au monstre, et d'un dard lancé d'une main sûre,
Il lui fait dans le flanc une large blessure.
De rage et de douleur le monstre bondissant
Vient aux pieds des chevaux tomber en mugissant,
Se roule, et leur présente une gueule enflammée,
Qui les couvre de feu, de sang et de fumée.
La frayeur les emporte ; et sourds à cette fois,
Ils ne connaissent plus ni le frein ni la voix.
En efforts impuissants leur maître se consume.
Ils rougissent le mors d'une sanglante écume.
On dit qu'on a vu même, en ce désordre affreux,
Un Dieu qui d'aiguillons pressait leur flanc poudreux.
À travers les rochers la peur les précipite ;
L'essieu crie et se rompt. L'intrépide Hippolyte
Voit voler en éclats tout son char fracassé ;
Dans les rênes lui-même il tombe embarrassé.
Excusez ma douleur. Cette image cruelle
Sera pour moi de pleurs une source éternelle.
J'ai vu, Seigneur, j'ai vu votre malheureux fils
Traîné par les chevaux que sa main a nourris.
Il veut les rappeler, et sa voix les effraie.
Ils courent. Tout son corps n'est bientôt qu'une plaie.
De nos cris douloureux la plaine retentit.
Leur fougue impétueuse enfin se ralentit :
Ils s'arrêtent, non loin de ces tombeaux antiques
Où des rois ses aïeux sont les froides reliques.
J'y cours en soupirant, et sa garde me suit.
De son généreux sang la trace nous conduit :
Les rochers en sont teints ; les ronces dégouttantes
Portent de ses cheveux les dépouilles sanglantes.
J'arrive, je l'appelle ; et me tendant la main,
Il ouvre un œil mourant, qu'il referme soudain.
« Le ciel, dit-il, m'arrache une innocente vie.
Prends soin après ma mort de la triste Aricie.
Cher ami, si mon père un jour désabusé

Plaint le malheur d'un fils faussement accusé,
Pour apaiser mon sang et mon ombre plaintive,
Dis-lui qu'avec douceur il traite sa captive ;
Qu'il lui rende... » À ce mot ce héros expiré
N'a laissé dans mes bras qu'un corps défiguré,
Triste objet, où des Dieux triomphe la colère,
Et que méconnaîtrait l'œil même de son père.

(*Phèdre*, acte V, scène 6)

LE SONGE D'ATHALIE

... Un songe (me devrais-je inquiéter d'un songe ?)
Entretient dans mon cœur un chagrin qui le ronge.
Je l'évite partout, partout il me poursuit.
C'était pendant l'horreur d'une profonde nuit.
Ma mère Jézabel devant moi s'est montrée,
Comme au jour de sa mort pompeusement parée.
Ses malheurs n'avaient point abattu sa fierté ;
Même elle avait encor cet éclat emprunté
Dont elle eut soin de peindre et d'orner son visage,
Pour réparer des ans l'irréparable outrage.
« Tremble, m'a-t-elle dit, fille digne de moi.
Le cruel Dieu des Juifs l'emporte aussi sur toi.
Je te plains de tomber dans ses mains redoutables,
Ma fille. » En achevant ces mots épouvantables,
Son ombre vers mon lit a paru se baisser ;
Et moi, je lui tendais les mains pour l'embrasser.
Mais je n'ai plus trouvé qu'un horrible mélange
D'os et de chair meurtris, et traînés dans la fange,
Des lambeaux pleins de sang, et des membres affreux,
Que des chiens dévorants se disputaient entre eux.

(*Athalie*, acte II, scène 5)

Voltaire

1694-1778

À MADAME DU CHATELET

Si vous voulez que j'aime encore,
Rendez-moi l'âge des amours ;
Au crépuscule de mes jours
Rejoignez, s'il se peut, l'aurore.

Des beaux lieux où le dieu du vin
Avec l'Amour tient son empire,
Le Temps, qui me prend par la main,
M'avertit que je me retire.

De son inflexible rigueur
Tirons au moins quelque avantage,
Qui n'a pas l'esprit de son âge,
De son âge a tout le malheur.

Laissons à la belle jeunesse
Ses folâtres emportements.
Nous ne vivons que deux moments :
Qu'il en soit un pour la sagesse.

Quoi ! pour toujours vous me fuyez,
Tendresse, illusion, folie,
Dons du ciel, qui me consoliez
Des amertumes de la vie !

On meurt deux fois, je le vois bien ;
Cessez d'aimer et d'être aimable,
C'est une mort insupportable ;
Cesser de vivre, ce n'est rien.

Ainsi je déplorais la perte
Des erreurs de mes premiers ans ;
Et mon âme, aux désirs ouverte,
Regrettait ses égarements,

Du ciel alors daignant descendre,
L'Amitié vint à mon secours ;
Elle était peut-être aussi tendre,
Mais moins vive que les Amours.

Touché de sa beauté nouvelle,
Et de sa lumière éclairé,
Je la suivis ; mais je pleurai
De ne pouvoir plus suivre qu'elle.

ÉPIGRAMME

Sur Fréron

L'autre jour, au fond d'un vallon,
Un serpent piqua Jean Fréron ;
Que pensez-vous qu'il arriva ?
Ce fut le serpent qui creva.

Philippe Fabre d'Églantine

1750-1794

L'HOSPITALITÉ

Il pleut, il pleut, bergère,
Presse tes blancs moutons,
Allons sous ma chaumière,
Bergère, vite, allons.
J'entends sur le feuillage
L'eau qui tombe à grand bruit ;
Voici, voici l'orage,
Voici l'éclair qui luit.

Bonsoir, bonsoir, ma mère,
Ma sœur Anne, bonsoir !
J'amène ma bergère
Près de nous pour ce soir.
Va te sécher, ma mie,
Auprès de nos tisons.
Sœur, fais-lui compagnie ;
Entrez, petits moutons.

Soupons : prends cette chaise,
Tu seras près de moi ;

Ce flambeau de mélèze
Brûlera devant toi :
Goûte de ce laitage ;
Mais tu ne manges pas ?
Tu te sens de l'orage ;
Il a lassé tes pas.

Eh bien, voici ta couche ;
Dors-y jusques au jour ;
Laisse-moi sur ta bouche
Prendre un baiser d'amour.
Ne rougis pas, bergère :
Ma mère et moi, demain,
Nous irons chez ton père
Lui demander ta main.

Jean-Pierre Claris de Florian

1755-1794

PLAISIR D'AMOUR

Plaisir d'amour ne dure qu'un moment,
Chagrin d'amour dure toute la vie.

J'ai tout quitté pour l'ingrate Sylvie,
Elle me quitte et prend un autre amant...

Plaisir d'amour ne dure qu'un moment,
Chagrin d'amour dure toute la vie.

Tant que cette eau coulera doucement
Vers ce ruisseau qui borde la prairie,
Je t'aimerai, me répétait Sylvie ;
L'eau coule encore, elle a changé pourtant !

Plaisir d'amour ne dure qu'un moment,
Chagrin d'amour dure toute la vie.

L'AVEUGLE ET LE PARALYTIQUE

Aidons-nous mutuellement,
La charge des malheurs en sera plus légère ;
Le bien que l'on fait à son frère
Pour le mal que l'on souffre est un soulagement.
Confucius l'a dit ; suivons tous sa doctrine :
Pour la persuader aux peuples de la Chine,
Il leur contait le trait suivant.

Dans une ville de l'Asie
Il existait deux malheureux,
L'un perclus, l'autre aveugle, et pauvres tous les deux.
Ils demandaient au ciel de terminer leur vie ;
Mais leurs cris étaient superflus,
Ils ne pouvaient mourir. Notre paralytique,
Couché sur un grabat dans la place publique,
Souffrait sans être plaint ; il en souffrait bien plus.
L'aveugle à qui tout pouvait nuire,
Était sans guide, sans soutien,
Sans avoir même un pauvre chien
Pour l'aimer et pour le conduire.
Un certain jour il arriva
Que l'aveugle, à tâtons, au détour d'une rue,
Près du malade se trouva ;
Il entendit ses cris ; son âme en fut émue.
Il n'est tels que les malheureux
Pour se plaindre les uns les autres.

« J'ai mes maux, lui dit-il, et vous avez les vôtres,
Unissons-les, mon frère ; ils seront moins affreux. »
« Hélas ! dit le perclus, vous ignorez, mon frère,
     Que je ne puis faire un seul pas :
     Vous-même vous n'y voyez pas,
À quoi nous servirait d'unir notre misère ? »
« À quoi ? répond l'aveugle ; écoutez, à nous deux
Nous possédons le bien à chacun nécessaire ;
     J'ai des jambes et vous des yeux :
Moi, je vais vous porter ; vous, vous serez mon guide,
Vos yeux dirigeront mes pas mal assurés :
Mes jambes, à leur tour, iront où vous voudrez.
Ainsi, sans que jamais notre amitié décide
Qui de nous deux remplit le plus utile emploi,
Je marcherai pour vous, vous y verrez pour moi. »

(Fables)

LA GUENON, LE SINGE ET LA NOIX

Une jeune guenon cueillit
Une noix dans sa coque verte ;
Elle y porte la dent, fait la grimace... Ah ! certe,
Dit-elle, ma mère mentit
Quand elle m'assura que les noix étaient bonnes.
Puis, croyez aux discours de ces vieilles personnes
Qui trompent la jeunesse ! Au diable soit le fruit !
Elle jette la noix. Un singe la ramasse,
Vite entre deux cailloux la casse
L'épluche, la mange et lui dit :
Votre mère eut raison, ma mie
Les noix ont fort bon goût ; mais il faut les ouvrir.
Souvenez-vous que, dans la vie,
Sans un peu de travail on n'a point de plaisir.

(Fables)

André Chénier

1762-1794

LA JEUNE TARENTINE

Pleurez, doux alcyons, ô vous, oiseaux sacrés,
Oiseaux chers à Thétis, doux alcyons, pleurez.

Elle a vécu, Myrto, la jeune Tarentine.
Un vaisseau la portait aux bords de Camarine.
Là l'hymen, les chansons, les flûtes, lentement,
Devaient la reconduire au seuil de son amant.
Une clef vigilante a pour cette journée
Dans le cèdre enfermé sa robe d'hyménée,
Et l'or dont au festin ses bras seraient parés,
Et pour ses blonds cheveux les parfums préparés.
Mais, seule sur la proue, invoquant les étoiles,
Le vent impétueux qui soufflait dans les voiles
L'enveloppe. Étonnée, et loin des matelots,
Elle crie, elle tombe, elle est au sein des flots.

Elle est au sein des flots, la jeune Tarentine.
Son beau corps a roulé sous la vague marine.
Thétis, les yeux en pleurs, dans le creux d'un rocher
Aux monstres dévorants eut soin de le cacher.

Par ses ordres bientôt les belles Néréides
L'élèvent au-dessus des demeures humides,
Le portent au rivage, et dans ce monument
L'ont, au cap du Zéphir, déposé mollement.
Puis de loin à grands cris appelant leurs compagnes,
Et les Nymphes des bois, des sources, des montagnes,
Toutes frappant leur sein et traînant un long deuil,
Répètent : hélas ! autour de son cercueil.
Hélas ! chez ton amant tu n'es point ramenée.
Tu n'as point revêtu ta robe d'hyménée.
L'or autour de tes bras n'a point serré de nœuds.
Les doux parfums n'ont point coulé sur tes cheveux.

(*Bucoliques*, XIII)

Marceline Desbordes-Valmore

1786-1859

LES ROSES DE SAADI

J'ai voulu ce matin te rapporter des roses ;
Mais j'en avais tant pris dans mes ceintures closes
Que les nœuds trop serrés n'ont pu les contenir.

Les nœuds ont éclaté. Les roses envolées
Dans le vent, à la mer s'en sont toutes allées,
Elles ont suivi l'eau pour ne plus revenir ;

La vague en a paru rouge et comme enflammée.
Ce soir, ma robe encore en est tout embaumée...
Respires-en sur moi l'odorant souvenir.

(Poésies complètes)

Alphonse de Lamartine

1790-1869

LA VIGNE ET LA MAISON

Efface ce séjour, ô Dieu ! de ma paupière,
Ou rends-le-moi semblable à celui d'autrefois,
Quand la maison vibrait comme un grand cœur de
                                                    [pierre
De tous ces cœurs joyeux qui battaient sous ses toits !

À l'heure où la rosée au soleil s'évapore,
Tous ces volets fermés s'ouvraient à sa chaleur,
Pour y laisser entrer, avec la tiède aurore,
Les nocturnes parfums de nos vignes en fleur.

On eût dit que ces murs respiraient comme un être
Des pampres réjouis la jeune exhalaison ;
La vie apparaissait rose, à chaque fenêtre,
Sous les beaux traits d'enfants nichés dans la maison.

Leurs blonds cheveux épars au vent de la montagne,
Les filles, se passant leurs deux mains sur les yeux,

Jetaient des cris de joie à l'écho des montagnes,
Ou sur leurs seins naissants croisaient leurs doigts
                                              [pieux.

La mère, de sa couche à ces doux bruits levée,
Sur ces fronts inégaux se penchait tour à tour,
Comme la poule heureuse assemble sa couvée,
Leur apprenant les mots qui bénissent le jour.

Moins de balbutiements sortent du nid sonore,
Quand, au rayon d'été qui vient la réveiller,
L'hirondelle, au plafond qui les abrite encore,
À ses petits sans plume apprend à gazouiller.

Et les bruits du foyer que l'aube fait renaître,
Les pas des serviteurs sur les degrés de bois,
Les aboiements du chien qui voit sortir son maître,
Le mendiant plaintif qui fait pleurer sa voix

Montaient avec le jour ; et, dans les intervalles,
Sous des doigts de quinze ans répétant leur leçon,
Les claviers résonnaient ainsi que des cigales
Qui font tinter l'oreille au temps de la moisson !

    Puis ces bruits d'année en année
Baissèrent d'une vie, hélas ! et d'une voix ;
Une fenêtre en deuil, à l'ombre condamnée,
    Se ferma sous le bord des toits.

Printemps après printemps, de belles fiancées
    Suivirent de chers ravisseurs,
Et, par la mère en pleurs sur le seuil embrassées,
    Partirent en baisant leurs sœurs.

Puis sortit un matin pour le champ où l'on pleure
    Le cercueil tardif de l'aïeul,
Puis un autre, et puis deux ; et puis dans la demeure
    Un vieillard morne resta seul !

Puis la maison glissa sur la pente rapide
  Où le temps entasse les jours ;
Puis la porte à jamais se ferma sur le vide,
  Et l'ortie envahit les cours !...

(La Vigne et la Maison)

MILLY OU LA TERRE NATALE
(Fragment)

Pourquoi le prononcer, ce nom de la patrie ?
Dans son brillant exil mon cœur en a frémi ;
Il résonne de loin dans mon âme attendrie,
Comme les pas connus ou la voix d'un ami.

Montagnes que voilait le brouillard de l'automne,
Vallons que tapissait le givre du matin,
Saules dont l'émondeur effeuillait la couronne,
Vieilles tours que le soir dorait dans le lointain,

Murs noircis par les ans, coteaux, sentier rapide,
Fontaine où les pasteurs accroupis tour à tour
Attendaient goutte à goutte une eau rare et limpide,
Et, leur urne à la main, s'entretenaient du jour,

Chaumière où du foyer étincelait la flamme,
Toit que le pèlerin aimait à voir fumer,
Objets inanimés, avez-vous donc une âme
Qui s'attache à notre âme et la force d'aimer ?

(Harmonies poétiques et religieuses)

L'AUTOMNE

Salut, bois couronnés d'un reste de verdure !
Feuillages jaunissants sur les gazons épars !
Salut, derniers beaux jours ! le deuil de la nature
Convient à la douleur et plaît à mes regards.

Je suis d'un pas rêveur le sentier solitaire ;
J'aime à revoir encor, pour la dernière fois,
Ce soleil pâlissant, dont la faible lumière
Perce à peine à mes pieds l'obscurité des bois.

Oui, dans ces jours d'automne où la nature expire,
À ses regards voilés je trouve plus d'attraits ;
C'est l'adieu d'un ami, c'est le dernier sourire
Des lèvres que la mort va fermer pour jamais.

Ainsi, prêt à quitter l'horizon de la vie,
Pleurant de mes longs jours l'espoir évanoui,
Je me retourne encore, et d'un regard d'envie
Je contemple ces biens dont je n'ai pas joui.

Terre, soleil, vallons, belle et douce nature,
Je vous dois une larme aux bords de mon tombeau !
L'air est si parfumé ! la lumière est si pure !
Aux regards d'un mourant le soleil est si beau !

Je voudrais maintenant vider jusqu'à la lie
Ce calice mêlé de nectar et de fiel !
Au fond de cette coupe où je buvais la vie,
Peut-être restait-il une goutte de miel ?

Peut-être l'avenir me gardait-il encore
Un retour de bonheur dont l'espoir est perdu ?
Peut-être, dans la foule, une âme que j'ignore
Aurait compris mon âme, et m'aurait répondu !...

La fleur tombe en livrant ses parfums au zéphyre ;
À la vie, au soleil, ce sont là ses adieux :
Moi, je meurs ; et mon âme, au moment qu'elle expire
S'exhale comme un son triste et mélodieux.

(Méditations poétiques)

LE LAC

Ainsi, toujours poussés vers de nouveaux rivages,
Dans la nuit éternelle emportés sans retour,
Ne pourrons-nous jamais sur l'océan des âges
      Jeter l'ancre un seul jour ?

Ô lac ! l'année à peine a fini sa carrière,
Et près des flots chéris qu'elle devait revoir,
Regarde ! je viens seul m'asseoir sur cette pierre
      Où tu la vis s'asseoir !

Tu mugissais ainsi sous ces roches profondes ;
Ainsi tu te brisais sur leurs flancs déchirés ;
Ainsi le vent jetait l'écume de tes ondes
      Sur ses pieds adorés.

Un soir, t'en souvient-t-il ? nous voguions en silence ;
On n'entendait au loin, sur l'onde et sous les cieux,
Que le bruit des rameurs qui frappaient en cadence
      Tes flots harmonieux.

Tout à coup des accents inconnus à la terre
Du rivage charmé frappèrent les échos ;
Le flot fut attentif, et la voix qui m'est chère
      Laissa tomber ces mots :

« Ô temps, suspends ton vol ! et vous, heures propices,
        Suspendez votre cours !
Laissez-nous savourer les rapides délices
        Des plus beaux de nos jours !

« Assez de malheureux ici-bas vous implorent,
        Coulez, coulez pour eux ;
Prenez avec leurs jours les soins qui les dévorent ;
        Oubliez les heureux.

« Mais je demande en vain quelques moments encore :
        Le temps m'échappe et fuit ;
Je dis à cette nuit : « Sois plus lente » ; et l'aurore
        Va dissiper la nuit.

« Aimons donc, aimons donc ! de l'heure fugitive,
        Hâtons-nous, jouissons !
L'homme n'a point de port, le temps n'a point de rive ;
        Il coule, et nous passons ! »

Temps jaloux, se peut-il que ces moments d'ivresse,
Où l'amour à longs flots nous verse le bonheur,
S'envolent loin de nous de la même vitesse
        Que les jours de malheur ?

Hé quoi ! n'en pourrons-nous fixer au moins la trace ?
Quoi ! passés pour jamais ? quoi ! tout entiers perdus ?
Ce temps qui les donna, ce temps qui les efface,
        Ne nous les rendra plus ?

Éternité, néant, passé, sombres abîmes,
Que faites-vous des jours que vous engloutissez ?
Parlez : nous rendrez-vous ces extases sublimes
        Que vous nous ravissez ?

Ô lac ! rochers muets ! grottes ! forêt obscure !
Vous que le temps épargne ou qu'il peut rajeunir,

Gardez de cette nuit, gardez, belle nature,
      Au moins le souvenir !

Qu'il soit dans ton repos, qu'il soit dans tes orages,
Beau lac, et dans l'aspect de tes riants coteaux,
Et dans ces noirs sapins, et dans ces rocs sauvages
      Qui pendent sur tes eaux !

Qu'il soit dans le zéphyr qui frémit et qui passe,
Dans les bruits de tes bords par tes bords répétés,
Dans l'astre au front d'argent qui blanchit ta surface
      De ses molles clartés !

Que le vent qui gémit, le roseau qui soupire,
Que les parfums légers de ton air embaumé,
Que tout ce qu'on entend, l'on voit ou l'on respire,
      Tout dise : « Ils ont aimé ! »

(Harmonies poétiques et religieuses)

Alfred de Vigny

1797-1863

LE COR

I

J'aime le son du Cor, le soir, au fond des bois,
Soit qu'il chante les pleurs de la biche aux abois,
Ou l'adieu du chasseur que l'écho faible accueille
Et que le vent du nord porte de feuille en feuille.

Que de fois, seul dans l'ombre à minuit demeuré,
J'ai souri de l'entendre, et plus souvent pleuré !
Car je croyais ouïr de ces bruits prophétiques
Qui précédaient la mort des Paladins antiques.

Ô montagnes d'azur ! ô pays adoré !
Rocs de la Frazona, cirque du Marboré,
Cascades qui tombez des neiges entraînées,
Sources, gaves, ruisseaux, torrents des Pyrénées ;

Monts gelés et fleuris, trône des deux saisons,
Dont le front est de glace et le pied de gazons !

C'est là qu'il faut s'asseoir, c'est là qu'il faut entendre
Les airs lointains d'un Cor mélancolique et tendre.

Souvent un voyageur, lorsque l'air est sans bruit,
De cette voix d'airain fait retentir la nuit ;
À ses chants cadencés autour de lui se mêle
L'harmonieux grelot du jeune agneau qui bêle.

Une biche attentive, au lieu de se cacher,
Se suspend immobile au sommet du rocher,
Et la cascade unit, dans une chute immense,
Son éternelle plainte au chant de la romance.

Âmes des Chevaliers, revenez-vous encor ?
Est-ce vous qui parlez avec la voix du Cor ?
Roncevaux ! Roncevaux ! dans ta sombre vallée
L'ombre du grand Roland n'est donc pas consolée !

II

Tous les preux étaient morts, mais aucun n'avait fui.
Il reste seul debout, Olivier près de lui ;
L'Afrique sur les monts l'entoure et tremble encore.
« Roland, tu vas mourir, rends-toi, criait le More ;

« Tous tes Pairs sont couchés dans les eaux des
[torrents. »
Il rugit comme un tigre, et dit : « Si je me rends,
Africain, ce sera lorsque les Pyrénées,
Sur l'onde avec leurs corps rouleront entraînées.

– Rends-toi donc, répond-il, ou meurs, car les voilà. »
Et du plus haut des monts un grand rocher roula.
Il bondit, il roula jusqu'au fond de l'abîme,
Et de ses pins, dans l'onde, il vint briser la cime.

« Merci, cria Roland ; tu m'as fait un chemin. »
Et jusqu'au pied des monts le roulant d'une main,
Sur le roc affermi comme un géant s'élance,
Et, prête à fuir, l'armée à ce seul pas balance.

III

Tranquilles cependant, Charlemagne et ses preux
Descendaient la montagne et se parlaient entre eux.
À l'horizon déjà, par leurs eaux signalées,
De Luz et d'Argelès se montraient les vallées.

L'armée applaudissait. Le luth du troubadour
S'accordait pour chanter les saules de l'Adour ;
Le vin français coulait dans la coupe étrangère ;
Le soldat, en riant, parlait à la bergère.

Roland gardait les monts ; tous passaient sans effroi.
Assis nonchalamment sur un noir palefroi
Qui marchait revêtu de housses violettes,
Turpin disait, tenant les saintes amulettes :

« Sire, on voit dans le ciel des nuages de feu ;
Suspendez votre marche ; il ne faut tenter Dieu.
Par monsieur saint Denis, certes ce sont des âmes
Qui passent dans les airs sur ces vapeurs de flammes.

Deux éclairs ont relui, puis deux autres encor. »
Ici l'on entendit le son lointain du Cor.
L'Empereur étonné, se jetant en arrière,
Suspend du destrier la marche aventurière.

« Entendez-vous ? dit-il. – Oui, ce sont des pasteurs
Rappelant les troupeaux épars sur les hauteurs,
Répondit l'archevêque, ou la voix étouffée
Du nain vert Obéron qui parle avec sa fée. »

Et l'Empereur poursuit ; mais son front soucieux
Est plus sombre et plus noir que l'orage des cieux
Il craint la trahison, et, tandis qu'il y songe,
Le Cor éclate et meurt, renaît et se prolonge.

« Malheur ! c'est mon neveu ! malheur ! car si Roland
Appelle à son secours, ce doit être en mourant.
Arrière, chevaliers, repassons la montagne !
Tremble encor sous nos pieds, sol trompeur de
[l'Espagne ! »

IV

Sur le plus haut des monts s'arrêtent les chevaux ;
L'écume les blanchit ; sous leurs pieds, Roncevaux
Des feux mourants du jour à peine se colore.
À l'horizon lointain fuit l'étendard du More.

« Turpin, n'as-tu rien vu dans le fond du torrent ?
– J'y vois deux chevaliers : l'un mort, l'autre expirant.
Tous deux sont écrasés sous une roche noire ;
Le plus fort, dans sa main, élève un Cor d'ivoire.
Son âme en s'exhalant nous appela deux fois. »

Dieu ! que le son du Cor est triste au fond des bois !

(Poèmes antiques et modernes)

Victor Hugo

1802-1885

LORSQUE L'ENFANT PARAÎT

Lorsque l'enfant paraît, le cercle de famille
Applaudit à grands cris. Son doux regard qui brille
      Fait briller tous les yeux,
Et les plus tristes fronts, les plus souillés peut-être,
Se dérident soudain à voir l'enfant paraître,
      Innocent et joyeux.

Soit que juin ait verdi mon seuil, ou que novembre
Fasse autour d'un grand feu vacillant dans la chambre
      Les chaises se toucher,
Quand l'enfant vient, la joie arrive et nous éclaire.
On rit, on se récrie, on l'appelle, et sa mère
      Tremble à le voir marcher.

La nuit, quand l'homme dort, quand l'esprit rêve, à
                             [l'heure
Où l'on entend gémir, comme une voix qui pleure,
      L'onde entre les roseaux,
Si l'aube tout à coup là-bas luit comme un phare,

Sa clarté dans les champs éveille une fanfare
          De cloches et d'oiseaux.

Enfant, vous êtes l'aube et mon âme est la plaine
Qui des plus douces fleurs embaume son haleine
          Quand vous la respirez ;
Mon âme est la forêt dont les sombres ramures
S'emplissent pour vous seul de suaves murmures
          Et de rayons dorés !

Car vos beaux yeux sont pleins de douceurs infinies,
Car vos petites mains, joyeuses et bénies,
          N'ont point mal fait encor ;
Jamais vos jeunes pas n'ont touché notre fange,
Tête sacrée ! enfant aux cheveux blonds ! bel ange
          À l'auréole d'or !

Vous êtes parmi nous la colombe de l'arche.
Vos pieds tendres et purs n'ont point l'âge où l'on
          Vos ailes sont d'azur.   [marche,
Sans le comprendre encor vous regardez le monde.
Double virginité ! corps où rien n'est immonde,
          Âme où rien n'est impur !

Il est si beau, l'enfant, avec son doux sourire,
Sa douce bonne foi, sa voix qui veut tout dire,
          Ses pleurs vite apaisés,
Laissant errer sa vue étonnée et ravie,
Offrant de toutes parts sa jeune âme à la vie
          Et sa bouche aux baisers !

Seigneur ! préservez-moi, préservez ceux que j'aime,
Frères, parents, amis, et mes ennemis même
          Dans le mal triomphants,

De jamais voir, Seigneur ! l'été sans fleurs vermeilles,
La cage sans oiseaux, la ruche sans abeilles,
La maison sans enfants !

(Les Feuilles d'Automne)

OCEANO NOX

Oh ! combien de marins, combien de capitaines
Qui sont partis joyeux pour des courses lointaines,
Dans ce morne horizon se sont évanouis !
Combien ont disparu, dure et triste fortune !
Dans une mer sans fond, par une nuit sans lune,
Sous l'aveugle océan à jamais enfouis !

Combien de patrons morts avec leurs équipages !
L'ouragan de leur vie a pris toutes les pages
Et d'un souffle il a tout dispersé sur les flots !
Nul ne saura leur fin dans l'abîme plongée.
Chaque vague en passant d'un butin s'est chargée ;
L'une a saisi l'esquif, l'autre les matelots !

Nul ne sait votre sort, pauvres têtes perdues !
Vous roulez à travers les sombres étendues,
Heurtant de vos fronts morts des écueils inconnus.
  Oh ! que de vieux parents, qui n'avaient plus qu'un rêve,
Sont morts en attendant tous les jours sur la grève
                Ceux qui ne sont pas revenus !

On s'entretient de vous parfois dans les veillées.
Maint joyeux cercle, assis sur des ancres rouillées,
Mêle encor quelque temps vos noms d'ombre couverts
Aux rires, aux refrains, aux récits d'aventures,

Aux baisers qu'on dérobe à vos belles futures,
Tandis que vous dormez dans les goémons verts !

On demande : « Où sont-ils ? sont-ils rois dans quelque
                                                    [île ?
Nous ont-ils délaissés pour un bord plus fertile ? »
Puis votre souvenir même est enseveli.
Le corps se perd dans l'eau, le nom dans la mémoire.
Le temps, qui sur toute ombre en verse une plus noire,
Sur le sombre océan jette le sombre oubli.

Bientôt des yeux de tous votre ombre est disparue.
L'un n'a-t-il pas sa barque et l'autre sa charrue ?
Seules, durant ces nuits où l'orage est vainqueur,
Vos veuves aux fronts blancs, lasses de vous attendre,
Parlent encor de vous en remuant la cendre
        De leur foyer et de leur cœur !

Et quand la tombe enfin a fermé leur paupière,
Rien ne sait plus vos noms, pas même une humble
                                                    [pierre
Dans l'étroit cimetière où l'écho nous répond,
Pas même un saule vert qui s'effeuille à l'automne,
Pas même la chanson naïve et monotone
Que chante un mendiant à l'angle d'un vieux pont !

Où sont-ils, les marins sombrés dans les nuits noires ?
Ô flots, que vous savez de lugubres histoires !
Flots profonds redoutés des mères à genoux !
Vous vous les racontez en montant les marées,
Et c'est ce qui vous fait ces voix désespérées
Que vous avez le soir quand vous venez vers nous.

                                (Les Rayons et les Ombres)

Ô souvenir ! printemps ! aurore !
Doux rayon triste et réchauffant !
– Lorsqu'elle était petite encore,
Que sa sœur était tout enfant... –

Connaissez-vous, sur la colline
Qui joint Montlignon à Saint-Leu,
Une terrasse qui s'incline
Entre un bois sombre et le ciel bleu ?

C'est là que nous vivions. – Pénètre,
Mon cœur, dans ce passé charmant ! –
Je l'entendais sous ma fenêtre
Jouer le matin doucement.

Elle courait dans la rosée,
Sans bruit, de peur de m'éveiller ;
Moi, je n'ouvrais pas ma croisée,
De peur de la faire envoler.

Ses frères riaient... – Aube pure !
Tout chantait sous ces frais berceaux,
Ma famille avec la nature,
Mes enfants avec les oiseaux !

Je toussais : on devenait brave.
Elle montait à petits pas,
Et me disait d'un air très grave :
– J'ai laissé les enfants en bas.

Qu'elle fût bien ou mal coiffée,
Que mon cœur fût triste ou joyeux,
Je l'admirais. C'était ma fée,
Et le doux astre de mes yeux !

Nous jouions toute la journée.
Ô jeux charmants ! chers entretiens !
Le soir, comme elle était l'aînée,
Elle me disait : – Père, viens !

Nous allons t'apporter ta chaise.
Conte-nous une histoire, dis ! –
Et je voyais rayonner d'aise
Tous ces regards du paradis.

Alors, prodiguant les carnages,
J'inventais un conte profond
Dont je trouvais les personnages
Parmi les ombres du plafond.

Toujours, ces quatre douces têtes
Riaient, comme à cet âge on rit,
De voir d'affreux géants très bêtes
Vaincus par des nains pleins d'esprit.

J'étais l'Arioste et l'Homère
D'un poème éclos d'un seul jet ;
Pendant que je parlais, leur mère
Les regardait rire, et songeait.

Leur aïeul, qui lisait dans l'ombre,
Sur eux parfois levait les yeux,
Et moi, par la fenêtre sombre,
J'entrevoyais un coin des cieux.

(Les Contemplations)

Demain, dès l'aube, à l'heure où blanchit la campagne,
Je partirai. Vois-tu, je sais que tu m'attends.
J'irai par la forêt, j'irai par la montagne.
Je ne puis demeurer loin de toi plus longtemps.

Je marcherai les yeux fixés sur mes pensées,
Sans rien voir au-dehors, sans entendre aucun bruit,
Seul, inconnu, le dos courbé, les mains croisées,
Triste, et le jour pour moi sera comme la nuit.

Je ne regarderai ni l'or du soir qui tombe,
Ni les voiles au loin descendant vers Harfleur,
Et quand j'arriverai, je mettrai sur ta tombe
Un bouquet de houx vert et de bruyère en fleur.

(Les Contemplations)

LA CONSCIENCE

Lorsque avec ses enfants vêtus de peaux de bêtes,
Échevelé, livide au milieu des tempêtes,
Caïn se fut enfui de devant Jéhovah,
Comme le soir tombait, l'homme sombre arriva
Au bas d'une montagne, en une grande plaine ;
Sa femme fatiguée et ses fils hors d'haleine
Lui dirent : – Couchons-nous sur la terre et dormons. »
Caïn, ne dormant pas, songeait au pied des monts.
Ayant levé la tête, au fond des cieux funèbres
Il vit un œil, tout grand ouvert dans les ténèbres,
Et qui le regardait dans l'ombre fixement.
– Je suis trop près », dit-il avec un tremblement.
Il réveilla ses fils dormant, sa femme lasse,
Et se remit à fuir sinistre dans l'espace.
Il marcha trente jours, il marcha trente nuits.
Il allait, muet, pâle et frémissant aux bruits,
Furtif, sans regarder derrière lui, sans trêve,
Sans repos, sans sommeil. Il atteignit la grève
Des mers dans le pays qui fut depuis Assur.
– Arrêtons-nous, dit-il, car cet asile est sûr.
Restons-y. Nous avons du monde atteint les bornes. »
Et, comme il s'asseyait, il vit dans les cieux mornes
L'œil à la même place au fond de l'horizon.
Alors il tressaillit en proie au noir frisson.
– Cachez-moi ! » cria-t-il ; et, le doigt sur la bouche,
Tous ses fils regardaient trembler l'aïeul farouche.

Caïn dit à Jabel, père de ceux qui vont
Sous des tentes de poil dans le désert profond :
– Étends de ce côté la toile de la tente. »
Et l'on développa la muraille flottante ;
Et quand on l'eut fixée avec des poids de plomb :
– Vous ne voyez plus rien ? » dit Tsilla, l'enfant blond,
La fille de ses fils, douce comme l'aurore ;
Et Caïn répondit : – Je vois cet œil encore ! »
Jubal, père de ceux qui passent dans les bourgs
Soufflant dans des clairons et frappant des tambours,
Cria : – Je saurai bien construire une barrière. »
Il fit un mur de bronze et mit Caïn derrière.
Et Caïn dit : – Cet œil me regarde toujours ! »
Hénoch dit : – Il faut faire une enceinte de tours
Si terrible, que rien ne puisse approcher d'elle.
Bâtissons une ville avec sa citadelle.
Bâtissons une ville, et nous la fermerons. »
Alors Tubalcaïn, père des forgerons,
Construisit une ville énorme et surhumaine.
Pendant qu'il travaillait, ses frères, dans la plaine,
Chassaient les fils d'Énos et les enfants de Seth ;
Et l'on crevait les yeux à quiconque passait ;
Et, le soir, on lançait des flèches aux étoiles.
Le granit remplaça la tente aux murs de toiles,
On lia chaque bloc avec des nœuds de fer,
Et la ville semblait une ville d'enfer ;
L'ombre des tours faisait la nuit dans les campagnes ;
Ils donnèrent aux murs l'épaisseur des montagnes ;
Sur la porte on grava : « Défense à Dieu d'entrer. »
Quand ils eurent fini de clore et de murer,
On mit l'aïeul au centre en une tour de pierre.
Et lui restait lugubre et hagard. – Ô mon père !
L'œil a-t-il disparu ? » dit en tremblant Tsilla.
Et Caïn répondit : – Non, il est toujours là. »
Alors il dit : – Je veux habiter sous la terre
Comme dans son sépulcre un homme solitaire ;
Rien ne me verra plus, je ne verrai plus rien. »
On fit donc une fosse, et Caïn dit : « C'est bien ! »

Puis il descendit seul sous cette voûte sombre.
Quand il se fut assis sur sa chaise dans l'ombre
Et qu'on eut sur son front fermé le souterrain,
L'œil était dans la tombe et regardait Caïn.

(La Légende des siècles)

APRÈS LA BATAILLE

Mon père, ce héros au sourire si doux,
Suivi d'un seul housard qu'il aimait entre tous
Pour sa grande bravoure et pour sa haute taille,
Parcourait à cheval, le soir d'une bataille,
Le champ couvert de morts sur qui tombait la nuit.
Il lui sembla dans l'ombre entendre un faible bruit.
C'était un Espagnol de l'armée en déroute
Qui se traînait sanglant sur le bord de la route,
Râlant, brisé, livide, et mort plus qu'à moitié,
Et qui disait : « À boire ! à boire par pitié ! »
Mon père, ému, tendit à son housard fidèle
Une gourde de rhum qui pendait à sa selle,
Et dit : « Tiens, donne à boire à ce pauvre blessé. »
Tout à coup, au moment où le housard baissé
Se penchait vers lui, l'homme, une espèce de maure,
Saisit un pistolet qu'il étreignait encore,
Et vise au front mon père en criant : « Caramba ! »
Le coup passa si près que le chapeau tomba
Et que le cheval fit un écart en arrière.
« Donne-lui tout de même à boire », dit mon père.

(La Légende des siècles)

JEANNE AU PAIN SEC

Jeanne était au pain sec dans le cabinet noir,
Pour un crime quelconque, et, manquant au devoir,
J'allai voir la proscrite en pleine forfaiture,
Et lui glissai dans l'ombre un pot de confiture
Contraire aux lois. Tous ceux sur qui, dans ma cité,
Repose le salut de la société,
S'indignèrent, et Jeanne a dit d'une voix douce :
– Je ne toucherai plus mon nez avec mon pouce,
Je ne me ferai plus griffer par le minet. »
Mais on s'est récrié : – Cette enfant vous connaît ;
Elle sait à quel point vous êtes faible et lâche.
Elle vous voit toujours rire quand on se fâche.
Pas de gouvernement possible. À chaque instant
L'ordre est troublé par vous ; le pouvoir se détend ;
Plus de règle. L'enfant n'a plus rien qui l'arrête.
Vous démolissez tout. » Et j'ai baissé la tête,
Et j'ai dit : – Je n'ai rien à répondre à cela,
J'ai tort. Oui, c'est avec ces indulgences-là
Qu'on a toujours conduit les peuples à leur perte.
Qu'on me mette au pain sec. » – Vous le méritez, certes.
On vous y mettra. » Jeanne alors, dans son coin noir,
M'a dit tout bas, levant ses yeux si beaux à voir,
Pleins de l'autorité des douces créatures :
– Eh bien, moi, je t'irai porter des confitures. »

(L'Art d'être grand-père)

Oh ! n'insultez jamais une femme qui tombe !
Qui sait sous quel fardeau la pauvre âme succombe !
Qui sait combien de jours sa faim a combattu !
Quand le vent du malheur ébranlait leur vertu,
Qui de nous n'a pas vu de ces femmes brisées
S'y cramponner longtemps de leurs mains épuisées !
Comme au bout d'une branche on voit étinceler
Une goutte de pluie où le ciel vient briller,
Qu'on secoue avec l'arbre et qui tremble et qui lutte,
Perle avant de tomber et fange après sa chute !

La faute en est à nous. À toi, riche ! à ton or !
Cette fange d'ailleurs contient l'eau pure encor.
Pour que la goutte d'eau sorte de la poussière,
Et redevienne perle en sa splendeur première,
Il suffit, c'est ainsi que tout remonte au jour,
D'un rayon de soleil ou d'un rayon d'amour !

(Les Chants du crépuscule)

Félix Arvers

1806-1850

MES HEURES PERDUES

SONNET
imité de l'italien

Mon âme a son secret, ma vie a son mystère :
Un amour éternel en un moment conçu :
Le mal est sans espoir, aussi j'ai dû le taire,
Et celle qui l'a fait n'en a jamais rien su.

Hélas ! j'aurai passé près d'elle inaperçu,
Toujours à ses côtés, et pourtant solitaire,
Et j'aurai jusqu'au bout fait mon temps sur la terre,
N'osant rien demander et n'ayant rien reçu.

Pour elle, quoique Dieu l'ait faite douce et tendre,
Elle ira son chemin, distraite, et sans entendre
Ce murmure d'amour élevé sur ses pas ;

À l'austère devoir pieusement fidèle,
Elle dira, lisant ces vers tout remplis d'elle :
« Quelle est donc cette femme ? » et ne comprendra pas.

Gérard de Nerval

1809-1855

FANTAISIE

Il est un air, pour qui je donnerais
Tout Rossini, tout Mozart et tout Weber,
Un air très vieux, languissant et funèbre,
Qui, pour moi seul, a des charmes secrets.

Or, chaque fois que je viens à l'entendre,
De deux cents ans mon âme rajeunit :
C'est sous Louis treize... Et je crois voir s'étendre
Un coteau vert que le couchant jaunit,

Puis un château de brique à coins de pierre,
Aux vitraux teints de rougeâtres couleurs,
Ceint de grands parcs, avec une rivière
Baignant ses pieds, qui coule entre des fleurs.

Puis une dame, à sa haute fenêtre,
Blonde aux yeux noirs, en ses habits anciens...
Que dans une autre existence peut-être,
J'ai déjà vue ! – et dont je me souviens !

(Odelettes)

LA COUSINE

L'hiver a ses plaisirs ; et souvent, le dimanche,
Quand un peu de soleil jaunit la terre blanche.
Avec une cousine on sort se promener...
– Et ne vous faites pas attendre pour dîner,

Dit la mère. Et quand on a bien, aux Tuileries,
Vu sous les arbres noirs les toilettes fleuries,
La jeune fille a froid... et vous fait observer
Que le brouillard du soir commence à se lever.

Et l'on revient, parlant du beau jour qu'on regrette,
Qui s'est passé si vite... et de flamme discrète :
Et l'on sent en rentrant, avec grand appétit,
Du bas de l'escalier, – le dindon qui rôtit.

(Odelettes)

UNE ALLÉE DU LUXEMBOURG

Elle a passé, la jeune fille,
Vive et preste comme un oiseau :
À la main une fleur qui brille,
À la bouche un refrain nouveau.

C'est peut-être la seule au monde
Dont le cœur au mien répondrait,
Qui venant dans ma nuit profonde
D'un seul regard l'éclaircirait !...

Mais non, – ma jeunesse est finie...
Adieu, doux rayon qui m'as lui, –
Parfum, jeune fille, harmonie...
Le bonheur passait, – il a fui !

(Odelettes)

Alfred de Musset

1810-1857

VENISE

Dans Venise la rouge,
Pas un bateau ne bouge,
Pas un pêcheur dans l'eau,
    Pas un falot.

Seul, assis à la grève,
Le grand lion soulève,
Sur l'horizon serein,
    Son pied d'airain.

Autour de lui, par groupes,
Navires et chaloupes,
Pareils à des hérons
    Couchés en rond,

Dorment sur l'eau qui fume
Et croisent dans la brume
En légers tourbillons
    Leurs pavillons.

La lune qui s'efface
Couvre son front qui passe
D'un nuage étoilé
    Demi voilé.

Ainsi, la dame abbesse
De Sainte-Croix rabaisse
Sa cape aux vastes plis
    Sur son surplis.

Et les palais antiques
Et les graves portiques
Et les blancs escaliers
    Des chevaliers,

Et les ponts et les rues,
Et les mornes statues,
Et le golfe mouvant
    Qui tremble au vent,

Tout se tait, fors les gardes
Aux longues hallebardes
Qui veillent aux créneaux
    Des arsenaux.

(Contes d'Espagne et d'Italie)

BALLADE À LA LUNE

C'était, dans la nuit brune,
Sur le clocher jauni,
    La lune,
Comme un point sur un i.

Lune, quel esprit sombre
Promène au bout d'un fil,
    Dans l'ombre,
Ta face et ton profil ?

Es-tu l'œil du ciel borgne ?
Quel chérubin cafard
    Nous lorgne
Sous ton masque blafard ?

N'es-tu rien qu'une boule ?
Qu'un grand faucheux bien gras
    Qui roule
Sans pattes et sans bras ?...

Es-tu, je t'en soupçonne,
Le vieux cadran de fer
    Qui sonne
L'heure aux damnés d'enfer ?

Sur ton front qui voyage,
Ce soir ont-ils compté
            Quel âge
A leur éternité ?

Est-ce un ver qui te ronge,
Quand ton disque noirci
            S'allonge
En croissant rétréci ?

Qui t'avait éborgnée
L'autre nuit ? T'étais-tu
            Cognée
À quelque arbre pointu ?

Car tu vins, pâle et morne,
Coller sur mes carreaux
            Ta corne,
À travers les barreaux.

Va, lune moribonde,
Le beau corps de Phébé
            La blonde
Dans la mer est tombé.

Tu n'en es que la face,
Et déjà, tout ridé,
            S'efface
Ton front dépossédé...

Lune, en notre mémoire,
De tes belles amours
            L'histoire
T'embellira toujours.

Et toujours rajeunie,
Tu seras du passant

Bénie,
Pleine lune ou croissant.

T'aimera le vieux pâtre,
Seul, tandis qu'à ton front
  D'albâtre
Ses dogues aboieront.

T'aimera le pilote
Dans son grand bâtiment,
  Qui flotte,
Sous le clair firmament !

Et la fillette preste
Qui passe le buisson,
  Pied leste,
En chantant sa chanson.

Comme un ours à la chaîne,
Toujours sous tes yeux bleus
  Se traîne
L'Océan monstrueux.

Et qu'il vente ou qu'il neige,
Moi-même, chaque soir,
  Que fais-je,
Venant ici m'asseoir ?

Je viens voir à la brune,
Sur le clocher jauni,
  La lune
Comme un point sur un i.

(Premières Poésies)

UNE SOIRÉE PERDUE

J'étais seul, l'autre soir, au Théâtre-Français,
Ou presque seul ; l'auteur n'avait pas grand succès.
Ce n'était que Molière, et nous savons de reste
Que ce grand maladroit, qui fit un jour *Alceste*,
Ignora le bel art de chatouiller l'esprit
Et de servir à point un dénoûment bien cuit.
Grâce à Dieu, nos auteurs ont changé de méthode,
Et nous aimons bien mieux quelque drame à la mode
Où l'intrigue, enlacée et roulée en feston,
Tourne comme un rébus autour d'un mirliton.

J'écoutais cependant cette simple harmonie,
Et comme le bon sens fait parler le génie ;
J'admirais quel amour pour l'âpre vérité
Eut cet homme si fier en sa naïveté,
Quel grand et vrai savoir des choses de ce monde,
Quelle mâle gaîté, si triste et si profonde
Que, lorsqu'on vient d'en rire, on devrait en pleurer !
Et je me demandais : « Est-ce assez d'admirer ?
Est-ce assez de venir, un soir par aventure,
D'entendre au fond de l'âme un cri de la nature,
D'essuyer une larme, et de partir ainsi,
Quoi qu'on fasse d'ailleurs, sans en prendre souci ? »
Enfoncé que j'étais dans cette rêverie
Çà et là, toutefois, lorgnant la galerie,
Je vis que, devant moi, se balançait gaîment

Sous une tresse noire un cou svelte et charmant
Et, voyant cet ébène enchâssé dans l'ivoire,
Un vers d'André Chénier chanta dans ma mémoire,
Un vers presque inconnu, refrain inachevé,
Frais comme le hasard, moins écrit que rêvé.
J'osai m'en souvenir, même devant Molière ;
Sa grande ombre, à coup sûr, ne s'en offensa pas,
Et, tout en écoutant, je murmurais tout bas,
Regardant cette enfant, qui ne s'en doutait guère :
« Sous votre aimable tête, un cou blanc, délicat,
Se plie, et de la neige effacerait l'éclat. »

Puis je songeais encore (ainsi va la pensée)
Que l'antique franchise à ce point délaissée,
Avec notre finesse et notre esprit moqueur,
Ferait croire, après tout, que nous manquons de cœur ;
Que c'était une triste et honteuse misère
Que cette solitude à l'entour de Molière,
Et qu'il *est pourtant temps*, comme dit la chanson,
De sortir de ce siècle ou d'en avoir raison ;
Car à quoi comparer cette scène embourbée,
Et l'effroyable honte où la muse est tombée ?
La lâcheté nous bride, et les sots vont disant
Que, sous ce vieux soleil, tout est fait à présent ;
Comme si les travers de la famille humaine
Ne rajeunissaient pas chaque an, chaque semaine.
Notre siècle a ses mœurs, partant sa vérité ;
Celui qui l'ose dire est toujours écouté.
Ah ! j'oserais parler, si je croyais bien dire.
J'oserais ramasser le fouet de la satire.
Et l'habiller de noir, cet homme aux rubans verts,
Qui se fâchait jadis pour quelques mauvais vers.
S'il rentrait aujourd'hui dans Paris la grand'ville,
Il y trouverait mieux pour émouvoir sa bile
Qu'une méchante femme et qu'un méchant sonnet ;
Nous avons autre chose à mettre au cabinet.

Ô notre maître à tous ! si ta tombe est fermée,
Laisse-moi, dans ta cendre un instant ranimée,
Trouver une étincelle, et je vais t'imiter !
J'en aurai fait assez si je puis le tenter.
Apprends-moi de quel ton, dans ta bouche hardie,
Parlait la vérité, ta seule passion,
Et, pour me faire entendre, à défaut du génie,
J'en aurai le courage et l'indignation !

Ainsi je caressais une folle chimère.
Devant moi, cependant, à côté de sa mère,
L'enfant restait toujours, et le cou svelte et blanc
Sous les longs cheveux noirs se berçait mollement.
Le spectacle fini, la charmante inconnue
Se leva. Le beau cou, l'épaule à demi nue,
Se voilèrent ; la main glissa dans le manchon ;
Et, lorsque je la vis au seuil de sa maison
S'enfuir, je m'aperçus que je l'avais suivie.
Hélas ! mon cher ami, c'est là toute ma vie.

Pendant que mon esprit cherchait sa volonté,
Mon corps avait la sienne et suivait la beauté ;
Et quand je m'éveillai de cette rêverie,
Il ne m'en restait plus que l'image chérie :
« Sous votre aimable tête, un cou blanc, délicat,
Se plie, et de la neige effacerait l'éclat. »

(Poésies nouvelles)

CHANSON DE FORTUNIO

Si vous croyez que je vais dire
    Qui j'ose aimer,
Je ne saurais, pour un empire,
    Vous la nommer.

Nous allons chanter à la ronde,
    Si vous voulez,
Que je l'adore et qu'elle est blonde
    Comme les blés.

Je fais ce que sa fantaisie
    Veut m'ordonner,
Et je puis, s'il lui faut ma vie,
    La lui donner.

Du mal qu'une amour ignorée
    Nous fait souffrir,
J'en porte l'âme déchirée
    Jusqu'à mourir.

Mais j'aime trop pour que je die
    Qui j'ose aimer,
Et je veux mourir pour ma mie
    Sans la nommer.

(Poésies nouvelles)

Théophile Gautier

1811-1872

PREMIER SOURIRE DE PRINTEMPS

Tandis qu'à leurs œuvres perverses
Les hommes courent haletants,
Mars qui rit, malgré les averses,
Prépare en secret le printemps.

Pour les petites pâquerettes,
Sournoisement lorsque tout dort,
Il repasse des collerettes
Et cisèle des boutons d'or.

Dans le verger et dans la vigne,
Il s'en va, furtif perruquier,
Avec une houppe de cygne,
Poudrer à frimas l'amandier.

La nature au lit se repose ;
Lui, descend au jardin désert
Et lace les boutons de rose
Dans leur corset de velours vert.

Tout en composant des solfèges
Qu'aux merles il siffle à mi-voix,
Il sème aux prés les perce-neige
Et les violettes au bois.

Sur le cresson de la fontaine
Où le cerf boit, l'oreille au guet,
De sa main cachée il égrène
Les grelots d'argent du muguet.

Sous l'herbe, pour que tu la cueilles,
Il met la fraise au teint vermeil,
Et te tresse un chapeau de feuilles
Pour te garantir du soleil.

Puis, lorsque sa besogne est faite,
Et que son règne va finir,
Au seuil d'avril tournant la tête,
Il dit : « Printemps, tu peux venir ! »

(Émaux et Camées)

CE QUE DISENT LES HIRONDELLES

Chanson d'automne

Déjà plus d'une feuille sèche
Parsème les gazons jaunis ;
Soir et matin, la brise est fraîche,
Hélas ! les beaux jours sont finis !

On voit s'ouvrir les fleurs que garde
Le jardin, pour dernier trésor :
Le dahlia met sa cocarde
Et le souci sa toque d'or.

La pluie au bassin fait des bulles ;
Les hirondelles sur le toit
Tiennent des conciliabules :
Voici l'hiver, voici le froid !

Elles s'assemblent par centaines,
Se concertant pour le départ.
L'une dit : « Oh ! que dans Athènes
Il fait bon sur le vieux rempart !

« Tous les ans j'y vais et je niche
Aux métopes du Parthénon.

Mon nid bouche dans la corniche
Le trou d'un boulet de canon. »

L'autre : « J'ai ma petite chambre
À Smyrne, au plafond d'un café.
Les Hadjis comptent leurs grains d'ambre
Sur le seuil, d'un rayon chauffé.

« J'entre et je sors, accoutumée
Aux blondes vapeurs des chibouchs,
Et parmi des flots de fumée,
Je rase turbans et tarbouchs. »

Celle-ci : « J'habite un triglyphe
Au fronton d'un temple, à Balbeck.
Je m'y suspends avec ma griffe
Sur mes petits au large bec. »

Celle-là : « Voici mon adresse :
Rhodes, palais des chevaliers ;
Chaque hiver, ma tente s'y dresse
Au chapiteau des noirs piliers. »

La cinquième : « Je ferai halte,
Car l'âge m'alourdit un peu,
Aux blanches terrasses de Malte,
Entre l'eau bleue et le ciel bleu. »

La sixième : « Qu'on est à l'aise
Au Caire, en haut des minarets !
J'empâte un ornement de glaise,
Et mes quartiers d'hiver sont prêts. »

« À la seconde cataracte,
Fait la dernière, j'ai mon nid ;
J'en ai noté la place exacte,
Dans le pschent d'un roi de granit. »

Toutes : « Demain, combien de lieues
Auront filé sous notre essaim,
Plaines brunes, pics blancs, mers bleues
Brodant d'écume leur bassin ! »

Avec cris et battements d'ailes,
Sur la moulure aux bords étroits,
Ainsi jasent les hirondelles,
Voyant venir la rouille aux bois.

Je comprends tout ce qu'elles disent,
Car le poète est un oiseau ;
Mais, captif, ses élans se brisent
Contre un invisible réseau !

Des ailes ! des ailes ! des ailes !
Comme dans le chant de Rückert,
Pour voler, là-bas avec elles
Au soleil d'or, au printemps vert !

(Émaux et Camées)

Charles-Marie Leconte de Lisle

1818-1894

MIDI

Midi, roi des étés, épandu sur la plaine,
Tombe en nappes d'argent des hauteurs du ciel bleu.
Tout se tait. L'air flamboie et brûle sans haleine ;
La terre est assoupie en sa robe de feu.

L'étendue est immense, et les champs n'ont point
                                        [d'ombre,
Et la source est tarie où buvaient les troupeaux ;
La lointaine forêt, dont la lisière est sombre,
Dort là-bas, immobile, en un pesant repos.

Seuls, les grands blés mûris, tels qu'une mer dorée,
Se déroulent au loin, dédaigneux du sommeil ;
Pacifiques enfants de la terre sacrée,
Ils épuisent sans peur la coupe du soleil.

Parfois, comme un soupir de leur âme brûlante,
Du sein des épis lourds qui murmurent entre eux,
Une ondulation majestueuse et lente
S'éveille, et va mourir à l'horizon poudreux.

Non loin, quelques bœufs blancs, couchés parmi les
                                                    [herbes,
Bavent avec lenteur sur leurs fanons épais,
Et suivent de leurs yeux languissants et superbes
Le songe intérieur qu'ils n'achèvent jamais.

Homme, si, le cœur plein de joie ou d'amertume,
Tu passais vers midi dans les champs radieux,
Fuis ! la nature est vide et le soleil consume :
Rien n'est vivant ici, rien n'est triste ou joyeux.

Mais si, désabusé des larmes et du rire,
Altéré de l'oubli de ce monde agité,
Tu veux, ne sachant plus pardonner ou maudire,
Goûter une suprême et morne volupté,

Viens ! Le soleil te parle en paroles sublimes ;
Dans sa flamme implacable absorbe-toi sans fin ;
Et retourne à pas lents vers les cités infimes,
Le cœur trempé sept fois dans le néant divin.

(Œuvres poétiques complètes)

Charles Baudelaire

1821-1867

L'ALBATROS

Souvent, pour s'amuser, les hommes d'équipage
Prennent des albatros, vastes oiseaux des mers,
Qui suivent, indolents compagnons de voyage,
Le navire glissant sur les gouffres amers.

À peine les ont-ils déposés sur les planches,
Que ces rois de l'azur, maladroits et honteux,
Laissent piteusement leurs grandes ailes blanches
Comme des avirons traîner à côté d'eux.

Ce voyageur ailé, comme il est gauche et veule !
Lui, naguère si beau, qu'il est comique et laid !
L'un agace son bec avec un brûle-gueule,
L'autre mime, en boitant, l'infirme qui volait !

Le Poète est semblable au prince des nuées
Qui hante la tempête et se rit de l'archer ;
Exilé sur le sol au milieu des huées,
Ses ailes de géant l'empêchent de marcher.

(*Les Fleurs du Mal*, Spleen et Idéal)

LA VIE ANTÉRIEURE

J'ai longtemps habité sous de vastes portiques
Que les soleils marins teignaient de mille feux,
Et que leurs grands piliers, droits et majestueux,
Rendaient pareils, le soir, aux grottes basaltiques.

Les houles, en roulant les images des cieux,
Mêlaient d'une façon solennelle et mystique
Les tout-puissants accords de leur riche musique
Aux couleurs du couchant reflété par mes yeux.

C'est là que j'ai vécu dans les voluptés calmes,
Au milieu de l'azur, des vagues, des splendeurs
Et des esclaves nus, tout imprégnés d'odeurs,

Qui me rafraîchissaient le front avec des palmes,
Et dont l'unique soin était d'approfondir
Le secret douloureux qui me faisait languir.

(*Les Fleurs du Mal*, Spleen et Idéal)

L'HOMME ET LA MER

Homme libre, toujours tu chériras la mer !
La mer est ton miroir ; tu contemples ton âme
Dans le déroulement infini de sa lame,
Et ton esprit n'est pas un gouffre moins amer.

Tu te plais à plonger au sein de ton image ;
Tu l'embrasses des yeux et des bras, et ton cœur
Se distrait quelquefois de sa propre rumeur
Au bruit de cette plainte indomptable et sauvage.

Vous êtes tous les deux ténébreux et discrets :
Homme, nul n'a sondé le fond de tes abîmes,
Ô mer, nul ne connaît tes richesses intimes,
Tant vous êtes jaloux de garder vos secrets !

Et cependant voilà des siècles innombrables
Que vous vous combattez sans pitié ni remords,
Tellement vous aimez le carnage et la mort,
Ô lutteurs éternels, ô frères implacables !

(*Les Fleurs du Mal*, Spleen et Idéal)

SPLEEN

J'ai plus de souvenirs que si j'avais mille ans.

Un gros meuble à tiroirs encombré de bilans,
De vers, de billets doux, de procès, de romances,
Avec de lourds cheveux roulés dans des quittances,
Cache moins de secrets que mon triste cerveau.
C'est une pyramide, un immense caveau,
Qui contient plus de morts que la fosse commune.

– Je suis un cimetière abhorré de la lune,
Où, comme des remords, se traînent de longs vers
Qui s'acharnent toujours sur mes morts les plus chers.
Je suis un vieux boudoir plein de roses fanées,
Où gît tout un fouillis de modes surannées,
Où les pastels plaintifs et les pâles Boucher,
Seuls, respirent l'odeur d'un flacon débouché.

Rien n'égale en longueur les boiteuses journées,
Quand sous les lourds flocons des neigeuses années
L'Ennui, fruit de la morne incuriosité,
Prend les proportions de l'immortalité.

– Désormais tu n'es plus, ô matière vivante !
Qu'un granit entouré d'une vague épouvante
Assoupi dans le fond d'un Sahara brumeux !

Un vieux sphinx ignoré du monde insoucieux,
Oublié sur la carte, et dont l'humeur farouche
Ne chante qu'aux rayons du soleil qui se couche !

(*Les Fleurs du Mal*, Spleen et Idéal)

La servante au grand cœur dont vous étiez jalouse,
Et qui dort son sommeil sous une humble pelouse,
Nous devrions pourtant lui porter quelques fleurs.
Les morts, les pauvres morts, ont de grandes douleurs,
Et quand octobre souffle, émondeur des vieux arbres,
Son vent mélancolique à l'entour de leurs marbres,
Certe, ils doivent trouver les vivants bien ingrats,
À dormir, comme ils font, chaudement dans leurs draps,
Tandis que, dévorés de noires songeries,
Sans compagnon de lit, sans bonnes causeries,
Vieux squelettes gelés travaillés par le ver,
Ils sentent s'égoutter les neiges de l'hiver
Et le siècle couler, sans qu'amis ni famille
Remplacent les lambeaux qui pendent à leur grille.

Lorsque la bûche siffle et chante, si le soir,
Calme, dans le fauteuil je la voyais s'asseoir,
Si, par une nuit bleue et froide de décembre,
Je la trouvais tapie en un coin de ma chambre,
Grave, et venant du fond de son lit éternel
Couver l'enfant grandi de son œil maternel,
Que pourrais-je répondre à cette âme pieuse,
Voyant tomber des pleurs de sa paupière creuse ?

(*Les Fleurs du Mal*, Tableaux parisiens)

LE CHAT

I

Dans ma cervelle se promène,
Ainsi qu'en son appartement,
Un beau chat, fort, doux et charmant.
Quand il miaule, on l'entend à peine,

Tant son timbre est tendre et discret ;
Mais que sa voix s'apaise ou gronde,
Elle est toujours riche et profonde.
C'est là son charme et son secret.

Cette voix, qui perle et qui filtre
Dans mon fond le plus ténébreux,
Me remplit comme un vers nombreux
Et me réjouit comme un philtre.

Elle endort les plus cruels maux
Et contient toutes les extases ;
Pour dire les plus longues phrases,
Elle n'a pas besoin de mots.

Non, il n'est pas d'archet qui morde
Sur mon cœur, parfait instrument,
Et fasse plus royalement
Chanter sa plus vibrante corde,

Que ta voix, chat mystérieux,
Chat séraphique, chat étrange,
En qui tout est, comme en un ange,
Aussi subtil qu'harmonieux !

II

De sa fourrure blonde et brune
Sort un parfum si doux qu'un soir
J'en fus embaumé, pour l'avoir
Caressée, une fois, rien qu'une.

C'est l'esprit familier du lieu ;
Il juge, il préside, il inspire
Toutes choses dans son empire ;
Peut-être est-il fée, est-il dieu ?

Quand mes yeux, vers ce chat que j'aime
Tirés comme par un aimant,
Se retournent docilement
Et que je regarde en moi-même,

Je vois avec étonnement
Le feu de ses prunelles pâles,
Clairs fanaux, vivantes opales,
Qui me contemplent fixement.

(*Les Fleurs du Mal*, Spleen et Idéal)

L'INVITATION AU VOYAGE

Mon enfant, ma sœur,
Songe à la douceur
D'aller là-bas vivre ensemble !
Aimer à loisir,
Aimer et mourir
Au pays qui te ressemble !
Les soleils mouillés
De ces ciels brouillés
Pour mon esprit ont les charmes
Si mystérieux
De tes traîtres yeux
Brillant à travers leurs larmes.

Là, tout n'est qu'ordre et beauté,
Luxe, calme et volupté.

Des meubles luisants,
Polis par les ans,
Décoreraient notre chambre ;
Les plus rares fleurs
Mêlant leurs odeurs
Aux vagues senteurs de l'ambre,
Les riches plafonds,
Les miroirs profonds,
La splendeur orientale,
Tout y parlerait

                À l'âme en secret
Sa douce langue natale.

Là, tout n'est qu'ordre et beauté,
Luxe, calme et volupté.

                Vois sur ces canaux
                Dormir ces vaisseaux
Dont l'humeur est vagabonde ;
                C'est pour assouvir
                Ton moindre désir
Qu'ils viennent du bout du monde.
                – Les soleils couchants
                Revêtent les champs,
Les canaux, la ville entière,
                D'hyacinthe et d'or ;
                Le monde s'endort
Dans une chaude lumière.

Là tout n'est qu'ordre et beauté,
Luxe, calme et volupté.

                                    (Les Fleurs du Mal)

Théodore de Banville

1823-1891

LE SAUT DU TREMPLIN

Clown admirable, en vérité !
Je crois que la postérité,
Dont sans cesse l'horizon bouge,
Le reverra, sa plaie au flanc.
Il est barbouillé de blanc,
De jaune, de vert et de rouge.

Même jusqu'à Madagascar
Son nom était parvenu, car
C'était selon tous les principes
Qu'après les cercles de papier,
Sans jamais les estropier
Il traversait le rond des pipes.

De la pesanteur affranchi,
Sans y voir clair il eût franchi
Les escaliers de Piranèse.
La lumière qui le frappait
Faisait resplendir son toupet
Comme un brasier dans la fournaise.

Il s'élevait à des hauteurs
Telles, que les autres sauteurs
Se consumaient en luttes vaines.
Ils le trouvaient décourageant,
Et murmuraient : « Quel vif-argent
Ce démon a-t-il dans les veines ? »

Tout le peuple criait : « Bravo ! »
Mais lui, par un effort nouveau,
Semblait roidir sa jambe nue,
Et, sans que l'on sût avec qui
Cet émule de la Saqui
Parlait bas en langue inconnue.

C'était avec son cher tremplin.
Il lui disait : « Théâtre, plein
D'inspiration fantastique,
Tremplin qui tressailles d'émoi
Quand je prends un élan, fais-moi
Bondir plus haut, planche élastique !

« Frêle machine aux reins puissants,
Fais-moi bondir, moi qui me sens
Plus agile que les panthères,
Si haut que je ne puisse voir
Avec leur cruel habit noir
Ces épiciers et ces notaires !

« Par quelque prodige pompeux,
Fais-moi monter, si tu le peux,
Jusqu'à ces sommets où, sans règles,
Embrouillant les cheveux vermeils
Des planètes et des soleils,
Se croisent la foudre et les aigles.

« Jusqu'à ces éthers pleins de bruit,
Où, mêlant dans l'affreuse nuit
Leurs haleines exténuées,

Les autans ivres de courroux
Dorment, échevelés et fous,
Sur les seins pâles des nuées.

« Plus haut encor, jusqu'au ciel pur !
Jusqu'à ce lapis dont l'azur
Couvre notre prison mouvante !
Jusqu'à ces rouges Orients
Où marchent des Dieux flamboyants,
Fous de colère et d'épouvante.

« Plus loin ! plus haut ! je vois encor
Des boursiers à lunettes d'or,
Des critiques, des demoiselles
Et des réalistes en feu.
Plus haut ! plus loin ! de l'air, du bleu !
Des ailes ! des ailes ! des ailes ! »

Enfin, de son vil échafaud,
Le clown sauta si haut, si haut,
Qu'il creva le plafond de toiles
Au son du cor et du tambour,
Et, le cœur dévoré d'amour,
Alla rouler dans les étoiles.

(Odes funambulesques)

André Theuriet

1833-1907

LA CHANSON DU VANNIER

Brins d'osier, brins d'osier,
Courbez-vous assouplis sous les doigts du vannier.

Brins d'osier, vous serez le lit frêle où la mère
Berce un petit enfant aux sons d'un vieux couplet :
L'enfant, la lèvre encor toute blanche de lait,
S'endort en souriant dans sa couche légère.

Brins d'osier, brins d'osier,
Courbez-vous assouplis sous les doigts du vannier.

Vous serez le panier plein de fraises vermeilles
Que les filles s'en vont cueillir dans les taillis.
Elles rentrent le soir, rieuses, au logis,
Et l'odeur des fruits mûrs s'exhale des corbeilles.

Brins d'osier, brins d'osier,
Courbez-vous assouplis sous les doigts du vannier.

Vous serez le grand van où la fermière alerte
Fait bondir le froment qu'ont battu les fléaux,
Tandis qu'à ses côtés des bandes de moineaux
Se disputent les grains dont la terre est couverte.

Brins d'osier, brins d'osier,
Courbez-vous assouplis sous les doigts du vannier.

Lorsque s'empourpreront les vignes à l'automne,
Lorsque les vendangeurs descendront des coteaux,
Brins d'osier, vous lierez les cercles des tonneaux
Où le vin doux rougit les douves et bouillonne.

Brins d'osier, brins d'osier,
Courbez-vous assouplis sous les doigts du vannier.

Brins d'osier, vous serez la cage où l'oiseau chante,
Et la nasse perfide au milieu des roseaux,
Où la truite qui monte et file entre deux eaux,
S'enfonce, et tout à coup se débat frémissante.

Brins d'osier, brins d'osier,
Courbez-vous assouplis sous les doigts du vannier.

Et vous serez aussi, brins d'osier, l'humble claie
Où, quand le vieux vannier tombe et meurt, on l'étend
Tout prêt pour le cercueil. – Son convoi se répand,
Le soir, dans les sentiers où verdit l'oseraie.

Brins d'osier, brins d'osier,
Courbez-vous assouplis sous les doigts du vannier.

(*Le Chemin des Bois*. En Forêt)

Jean-Baptiste Clément

1836-1903

LE TEMPS DES CERISES

Quand nous chanterons le temps des cerises,
Et gai rossignol et merle moqueur
    Seront tous en fête ;
Les belles auront la folie en tête
Et les amoureux du soleil au cœur...
Quand nous chanterons le temps des cerises,
Sifflera bien mieux le merle moqueur.

Mais il est bien court, le temps des cerises,
Où l'on s'en va deux cueillir en rêvant
    Des pendants d'oreilles !
Cerises d'amour, aux robes pareilles,
Tombant sous la feuille en gouttes de sang !...
Mais il est bien court le temps des cerises,
Pendants de corail qu'on cueille en rêvant !

Quand nous en serons au temps des cerises,
Si vous avez peur des chagrins d'amour,
    Évitez les belles.
Moi qui ne crains pas les peines cruelles,

Je ne vivrai point sans souffrir un jour...
Quand nous en serons au temps des cerises,
Vous aurez aussi vos peines d'amour.

J'aimerai toujours le temps des cerises ;
C'est de ce temps-là que je garde au cœur
      Une plaie ouverte ;
Et dame Fortune, en m'étant offerte,
Ne pourra jamais fermer ma douleur...
J'aimerai toujours le temps des cerises
Et le souvenir que je garde au cœur.

Sully Prudhomme

1839-1907

LE LONG DU QUAI

Le long des quais les grands vaisseaux,
Que la houle incline en silence,
Ne prennent pas garde aux berceaux
Que la main des femmes balance.

Mais viendra le jour des adieux ;
Car il faut que les femmes pleurent
Et que les hommes curieux
Tentent les horizons qui leurrent.

Et ce jour-là les grands vaisseaux,
Fuyant le port qui diminue,
Sentent leur masse retenue
Par l'âme des lointains berceaux.

(Stances et Poèmes)

Stéphane Mallarmé

1842-1898

L'AZUR

De l'éternel azur la sereine ironie
Accable, belle indolemment comme les fleurs,
Le poète impuissant qui maudit son génie
À travers un désert stérile de Douleurs.

Fuyant, les yeux fermés, je le sens qui regarde
Avec l'intensité d'un remords atterrant,
Mon âme vide. Où fuir ? Et quelle nuit hagarde
Jeter, lambeaux, jeter sur ce mépris navrant ?

Brouillards, montez ! Versez vos cendres monotones
Avec de longs haillons de brume dans les cieux
Qui noiera le marais livide des automnes
Et bâtissez un grand plafond silencieux !

Et toi, sors des étangs léthéens et ramasse
En t'en venant la vase et les pâles roseaux,
Cher Ennui, pour boucher d'une main jamais lasse
Les grands trous bleus que font méchamment les
                                        [oiseaux.

Encor ! que sans répit les tristes cheminées
Fument, et que de suie une errante prison
Éteigne dans l'horreur de ses noires traînées
Le soleil se mourant jaunâtre à l'horizon !

– Le Ciel est mort. – Vers toi, j'accours ! donne, ô
L'oubli de l'Idéal cruel et du Péché   [matière,
À ce martyr qui vient partager la litière
Où le bétail heureux des hommes est couché,

Car j'y veux, puisque enfin ma cervelle, vidée
Comme le pot de fard gisant au pied d'un mur,
N'a plus l'art d'attifer la sanglotante idée,
Lugubrement bâiller vers un trépas obscur...

En vain ! l'Azur triomphe, et je l'entends qui chante
Dans les cloches. Mon âme, il se fait voix pour plus
Nous faire peur avec sa victoire méchante,
Et du métal vivant sort en bleus angélus !

Il roule par la brume, ancien et traverse
Ta native agonie ainsi qu'un glaive sûr ;
Où fuir dans la révolte inutile et perverse ?
Je suis hanté. L'Azur ! l'Azur ! l'Azur ! l'Azur !

(Poésies)

BRISE MARINE

La chair est triste, hélas ! et j'ai lu tous les livres.
Fuir ! là-bas fuir ! Je sens que des oiseaux sont ivres
D'être parmi l'écume inconnue et les cieux !
Rien, ni les vieux jardins reflétés par les yeux
Ne retiendra ce cœur qui dans la mer se trempe
Ô nuits ! ni la clarté déserte de ma lampe
Sur le vide papier que la blancheur défend
Et ni la jeune femme allaitant son enfant.
Je partirai ! Steamer balançant ta mâture,
Lève l'ancre pour une exotique nature !

Un Ennui, désolé par les cruels espoirs,
Croit encore à l'adieu suprême des mouchoirs !
Et, peut-être, les mâts, invitant les orages
Sont-ils de ceux qu'un vent penche sur les naufrages
Perdus, sans mâts, sans mâts, ni fertiles îlots...
Mais, ô mon cœur, entends le chant des matelots !

(Poésies)

José Maria de Hérédia

1842-1905

LES CONQUÉRANTS

Comme un vol de gerfauts hors du charnier natal,
Fatigués de porter leurs misères hautaines,
De Palos de Moguer, routiers et capitaines
Partaient, ivres d'un rêve héroïque et brutal.

Ils allaient conquérir le fabuleux métal
Que Cipango mûrit dans ses mines lointaines,
Et les vents alizés inclinaient leurs antennes
Aux bords mystérieux du monde occidental.

Chaque soir, espérant des lendemains épiques,
L'azur phosphorescent de la mer des Tropiques
Enchantait leur sommeil d'un mirage doré ;

Ou, penchés à l'avant des blanches caravelles,
Ils regardaient monter en un ciel ignoré
Du fond de l'Océan des étoiles nouvelles.

LA TREBBIA

L'aube d'un jour sinistre a blanchi les hauteurs.
Le camp s'éveille. En bas roule et gronde le fleuve
Où l'escadron léger des Numides s'abreuve.
Partout sonne l'appel clair des buccinateurs.

Car malgré Scipion, les augures menteurs,
La Trebbia débordée, et qu'il vente et qu'il pleuve,
Sempronius Consul, fier de sa gloire neuve,
A fait lever la hache et marcher les licteurs.

Rougissant le ciel noir de flamboiements lugubres,
À l'horizon, brûlaient les villages Insubres ;
On entendait au loin barrir un éléphant.

Et là-bas, sous le pont, adossé contre une arche,
Hannibal écoutait, pensif et triomphant,
Le piétinement sourd des légions en marche.

(Les Trophées)

Paul Verlaine

1844-1896

ARIETTE

Il pleure dans mon cœur
Comme il pleut sur la ville ;
Quelle est cette langueur
Qui pénètre mon cœur ?

Ô bruit doux de la pluie
Par terre et sur les toits !
Pour un cœur qui s'ennuie
Ô le chant de la pluie !

Il pleure sans raison
Dans ce cœur qui s'écœure.
Quoi ! nulle trahison ?
Ce deuil est sans raison.

C'est bien la pire peine
De ne savoir pourquoi,
Sans amour et sans haine,
Mon cœur a tant de peine !

(Romances sans paroles)

D'UNE PRISON

Le ciel est, par-dessus le toit,
    Si bleu, si calme !
Un arbre, par-dessus le toit
    Berce sa palme.

La cloche dans le ciel qu'on voit
    Doucement tinte.
Un oiseau sur l'arbre qu'on voit
    Chante sa plainte.

Mon Dieu, mon Dieu, la vie est là,
    Simple et tranquille.
Cette paisible rumeur-là
    Vient de la ville.

– Qu'as-tu fait, ô toi que voilà,
    Pleurant sans cesse,
Dis, qu'as-tu fait, toi que voilà,
    De ta jeunesse ?

(Sagesse)

L'HEURE EXQUISE

La lune blanche
Luit dans les bois ;
De chaque branche
Part une voix
Sous la ramée...

Ô bien-aimée.

L'étang reflète,
Profond miroir,
La silhouette
Du saule noir
Où le vent pleure...

Rêvons, c'est l'heure.

Un vaste et tendre
Apaisement
Semble descendre
Du firmament
Que l'astre irise...

C'est l'heure exquise.

(La Bonne Chanson)

COLLOQUE SENTIMENTAL

Dans le vieux parc solitaire et glacé,
Deux formes ont tout à l'heure passé.

Leurs yeux sont morts et leurs lèvres sont molles,
Et l'on entend à peine leurs paroles.

Dans le vieux parc solitaire et glacé
Deux spectres ont évoqué le passé.

– Te souvient-il de notre extase ancienne ?
– Pourquoi voulez-vous donc qu'il m'en souvienne ?

– Ton cœur bat-il toujours à mon seul nom ?
Toujours vois-tu mon âme en rêve ? – Non.

– Ah ! les beaux jours de bonheur indicible
Où nous joignions nos bouches ! – C'est possible.

– Qu'il était bleu, le ciel, et grand, l'espoir !
– L'espoir a fui, vaincu, vers le ciel noir.

Tels ils marchaient dans les avoines folles,
Et la nuit seule entendit leurs paroles.

(Fêtes galantes)

CHANSON D'AUTOMNE

Les sanglots longs
Des violons
   De l'automne
Blessent mon cœur
D'une langueur
   Monotone.

Tout suffoquant
Et blême quand
   Sonne l'heure,
Je me souviens
Des jours anciens
   Et je pleure ;

Et je m'en vais
Au vent mauvais
   Qui m'emporte,
De çà, de là,
Pareil à la
   Feuille morte.

(Poèmes saturniens)

GREEN

Voici des fruits, des fleurs, des feuilles et des branches,
Et puis voici mon cœur, qui ne bat que pour vous,
Ne le déchirez pas avec vos deux mains blanches
Et qu'à vos yeux si beaux l'humble présent soit doux.

J'arrive tout couvert encore de rosée
Que le vent du matin vient glacer à mon front.
Souffrez que ma fatigue, à vos pieds reposée,
Rêve des chers instants qui la délasseront.

Sur votre jeune sein laissez rouler ma tête
Toute sonore encor de vos derniers baisers ;
Laissez-la s'apaiser de la bonne tempête,
Et que je dorme un peu puisque vous reposez.

(Romances sans paroles)

Écoutez la chanson bien douce
Qui ne pleure que pour vous plaire,
Elle est discrète, elle est légère :
Un frisson d'eau sur de la mousse !

La voix vous fut connue (et chère ?)
Mais à présent elle est voilée
Comme une veuve désolée,
Pourtant comme elle encore fière,

Et dans les longs plis de son voile
Qui palpite aux brises d'automne,
Cache et montre au cœur qui s'étonne
La vérité comme une étoile.

Elle dit, la voix reconnue,
Que la bonté c'est notre vie,
Que de la haine et de l'envie
Rien ne reste, la mort venue.

Elle parle aussi de la gloire
D'être simple sans plus attendre,
Et de noces d'or et du tendre
Bonheur d'une paix sans victoire.

Accueillez la voix qui persiste
Dans son naïf épithalame.
Allez, rien n'est meilleur à l'âme
Que de faire une âme moins triste !

Elle est en peine et de passage
L'âme qui souffre sans colère.
Et comme sa morale est claire !...
Écoutez la chanson bien sage.

(Sagesse, XVI)

Tristan Corbière

1845-1875

RONDEL

Il fait noir, enfant, voleur d'étincelles !
Il n'est plus de nuits, il n'est plus de jours,
Dors... en attendant venir toutes celles
Qui disaient : Jamais ! Qui disaient : Toujours !

Entends-tu leurs pas ? Ils ne sont pas lourds :
Oh ! les pieds légers ! – l'Amour a des ailes...
Il fait noir, enfant, voleur d'étincelles !

Entends-tu leurs voix ?... Les caveaux sont sourds.
Dors : il pèse peu, ton faix d'immortelles :
Ils ne viendront pas, tes amis les ours,
Jeter leur pavé sur tes demoiselles :
Il fait noir, enfant, voleur d'étincelles !

(Rondels pour après)

Maurice Rollinat

1846-1903

LA BICHE

La biche brame au clair de lune
Et pleure à se fondre les yeux :
Son petit faon délicieux
A disparu dans la nuit brune.

Pour raconter son infortune
À la forêt de ses aïeux,
La biche brame au clair de lune
Et pleure à se fondre les yeux.

Mais aucune réponse, aucune,
À ses longs appels anxieux !
Et, le cou tendu vers les cieux,
Folle d'amour et de rancune,
La biche brame au clair de lune.

(Les Refuges)

Arthur Rimbaud

1854-1891

CHANSON DE LA PLUS HAUTE TOUR

Oisive jeunesse
À tout asservie,
Par délicatesse
J'ai perdu ma vie.

Ah ! que le temps vienne
Où les cœurs s'éprennent !

Je me suis dit : Laisse,
Et qu'on ne te voie.
Et sans la prouesse
De plus hautes joies

Que rien ne t'arrête,
Auguste retraite.

Ô mille veuvages
De la si pauvre âme
Qui n'a que l'image
De la Notre-Dame :

Est-ce que l'on prie
La Vierge Marie ?

J'ai tant fait patience
Qu'à jamais j'oublie,
Craintes et souffrances
Aux cieux sont parties

Et la soif malsaine
Obscurcit mes veines.

Ainsi la prairie
À l'oubli livrée ;
Grandie et fleurie
D'encens et d'ivraies ;

Au bourdon farouche
De cent sales mouches.

Oisive jeunesse
À tout asservie,
Par délicatesse
J'ai perdu ma vie.

Ah ! que le temps vienne
Où les cœurs s'éprennent !

(Poésies)

LES EFFARÉS

Noirs dans la neige et dans la brume,
Au grand soupirail qui s'allume,
    Leurs culs en rond,

À genoux, cinq petits – misère ! –
Regardent le boulanger faire
    Le lourd pain blond.

Ils voient le fort bras blanc qui tourne
La pâte grise et qui l'enfourne
    Dans un trou clair.

Ils écoutent le bon pain cuire.
Le boulanger au gras sourire
    Grogne un vieil air.

Ils sont blottis, pas un ne bouge
Au souffle du soupirail rouge
    Chaud comme un sein.

Quand pour quelque médianoche
Façonné comme une brioche
    On sort le pain,

Quand, sous les poutres enfumées,
Chantent les croûtes parfumées
    Et les grillons,

Que ce trou chaud souffle la vie,
Ils ont leur âme si ravie
       Sous leurs haillons,

Ils se ressentent si bien vivre,
Les pauvres Jésus pleins de givre,
       Qu'ils sont là tous

Collant leurs petits museaux roses
Au treillage, grognant des choses
       Entre les trous,

Tout bêtes, faisant leurs prières
Et repliés vers ces lumières
       Du ciel rouvert

Si fort, qu'ils crèvent leur culotte
Et que leur chemise tremblote
       Au vent d'hiver.

(Poésies)

LE DORMEUR DU VAL

C'est un trou de verdure où chante une rivière
Accrochant follement aux herbes des haillons
D'argent, où le soleil, de la montagne fière,
Luit ; c'est un petit val qui mousse de rayons.

Un soldat jeune, bouche ouverte, tête nue
Et la nuque baignant dans le frais cresson bleu,
Dort : il est étendu dans l'herbe, sous la nue,
Pâle dans son lit vert où la lumière pleut.

Les pieds dans les glaïeuls, il dort. Souriant comme
Sourirait un enfant malade, il fait un somme.
Nature, berce-le chaudement : il a froid !

Les parfums ne font pas frissonner sa narine ;
Il dort dans le soleil, la main sur sa poitrine,
Tranquille. Il a deux trous rouges au côté droit.

(Poésies)

MA BOHÈME

(Fantaisie)

Je m'en allais, les poings dans mes poches crevées.
Mon paletot aussi devenait idéal.
J'allais sous le ciel, Muse, et j'étais ton féal :
Oh là là, que d'amours splendides j'ai rêvées !

Mon unique culotte avait un large trou.
Petit-Poucet rêveur, j'égrenais dans ma course
Des rimes. Mon auberge était à la Grande-Ourse.
Mes étoiles au ciel avaient un doux frou-frou.

Et je les écoutais, assis au bord des routes,
Ces bons soirs de septembre où je sentais des gouttes
De rosée à mon front, comme un vin de vigueur ;

Où, rimant au milieu des ombres fantastiques,
Comme des lyres, je tirais les élastiques
De mes souliers blessés, un pied contre mon cœur !

(Poésies)

BONHEUR

Ô saisons, ô châteaux,
Quelle âme est sans défauts ?

Ô saisons, ô châteaux,

J'ai fait la magique étude
Du bonheur, que nul n'élude.

Ô vive lui, chaque fois
Que chante le coq gaulois.

Mais je n'aurai plus d'envie,
Il s'est chargé de ma vie.

Ce charme ! il prit âme et corps,
Et dispersa tous efforts.

Que comprendre à ma parole ?
Il fait qu'elle fuit et vole !

Ô saisons, ô châteaux !

(Poésies)

LE BATEAU IVRE

Comme je descendais des Fleuves impassibles,
Je ne me sentis plus guidé par les haleurs :
Des Peaux-Rouges criards les avaient pris pour cibles,
Les ayant cloués nus aux poteaux de couleurs.

J'étais insoucieux de tous les équipages,
Porteur de blés flamands ou de coton anglais.
Quand avec mes haleurs ont fini ces tapages,
Les Fleuves m'ont laissé descendre où je voulais.

Dans les clapotements furieux des marées,
Moi, l'autre hiver, plus sourd que les cerveaux
Je courus ! Et les Péninsules démarrées   [d'enfants,
N'ont pas subi tohu-bohus plus triomphants.

La tempête a béni mes éveils maritimes.
Plus léger qu'un bouchon j'ai dansé sur les flots
Qu'on appelle rouleurs éternels de victimes,
Dix nuits, sans regretter l'œil niais des falots !

Plus douce qu'aux enfants la chair des pommes sures,
L'eau verte pénétra ma coque de sapin
Et des taches de vins bleus et des vomissures
Me lava, dispersant gouvernail et grappin.

Et dès lors, je me suis baigné dans le Poème
De la Mer, infusé d'astres, et lactescent,
Dévorant les azurs verts, où, flottaison blême
Et ravie, un noyé pensif parfois descend ;

Où, teignant tout à coup les bleuités, délires
Et rythmes lents sous les rutilements du jour,
Plus fortes que l'alcool, plus vastes que nos lyres,
Fermentent les rousseurs amères de l'amour !

Je sais les cieux crevant en éclairs, et les trombes,
Et les ressacs et les courants : je sais le soir,
L'Aube exaltée ainsi qu'un peuple de colombes,
Et j'ai vu quelquefois ce que l'homme a cru voir !

J'ai vu le soleil bas, taché d'horreurs mystiques,
Illuminant, de longs figements violets,
Pareils à des acteurs de drames très antiques
Les flots roulant au loin leurs frissons de volets !

J'ai rêvé la nuit verte aux neiges éblouies,
Baiser montant aux yeux des mers avec lenteurs,
La circulation des sèves inouïes,
Et l'éveil jaune et bleu des phosphores chanteurs !

J'ai suivi, des mois pleins, pareille aux vacheries
Hystériques, la houle à l'assaut des récifs,
Sans songer que les pieds lumineux des Maries
Pussent forcer le mufle aux Océans poussifs.

J'ai heurté, savez-vous, d'incroyables Florides
Mêlant aux fleurs des yeux de panthères à peaux
D'hommes ; des arcs-en-ciel, tendus comme des brides
Sous l'horizon des mers, à de glauques troupeaux !

J'ai vu fermenter les marais, énormes nasses
Où pourrit dans les joncs tout un Léviathan !

Des écroulements d'eaux au milieu des bonaces,
Et les lointains vers les gouffres cataractant !

Glaciers, soleils d'argent, flots nacreux, cieux de
Échouages hideux au fond des golfes bruns [braises !
Où les serpents géants dévorés des punaises
Choient des arbres tordus avec de noirs parfums !

J'aurais voulu montrer aux enfants ces dorades
Du flot bleu, ces poissons d'or, ces poissons chantants.
– Des écumes de fleurs ont bercé mes dérades
Et d'ineffables vents m'ont ailé par instants.

Parfois, martyr lassé des pôles et des zones,
La mer dont le sanglot faisait mon roulis doux
Montait vers moi ses fleurs d'ombre aux ventouses
Et je restais ainsi qu'une femme à genoux,   [jaunes,

Presque île, ballotant sur mes bords les querelles
Et les fientes d'oiseaux clabaudeurs aux yeux blonds.
Et je voguais, lorsqu'à travers mes liens frêles
Des noyés descendaient dormir, à reculons !

Or moi, bateau perdu sous les cheveux des anses,
Jeté par l'ouragan dans l'éther sans oiseau,
Moi dont les Monitors et les voiliers des Hanses
N'auraient pas repêché la carcasse ivre d'eau ;

Libre, fumant, monté de brumes violettes,
Moi qui trouais le ciel rougeoyant comme un mur,
Qui porte, confiture exquise aux bons poètes,
Des lichens de soleil et des morves d'azur ;

Qui courais, taché de lunules électriques,
Planche folle, escorté des hippocampes noirs,
Quand les juillets faisaient crouler à coups de triques
Les cieux ultramarins aux ardents entonnoirs ;

Moi qui tremblais, sentant geindre à cinquante lieues
Le rut des Béhémots et les Maelstroms épais,
Fileur éternel des immobilités bleues,
Je regrette l'Europe aux anciens parapets.

J'ai vu des archipels sidéraux ! et des îles
Dont les cieux délirants sont ouverts au vogueur :
– Est-ce en ces nuits sans fonds que tu dors et t'exiles
Million d'oiseaux d'or, ô future Vigueur ? –

Mais, vrai, j'ai trop pleuré ! Les Aubes sont navrantes,
Toute lune est atroce et tout soleil amer :
L'âcre amour m'a gonflé de torpeurs enivrantes.
Ô que ma quille éclate ! Ô que j'aille à la mer !

Si je désire une eau d'Europe, c'est la flache
Noire et froide où vers le crépuscule embaumé
Un enfant accroupi plein de tristesses lâche
Un bateau frêle comme un papillon de mai.

Je ne puis plus, baigné de vos langueurs, ô lames,
Enlever leur sillage aux porteurs de cotons,
Ni traverser l'orgueil des drapeaux et des flammes,
Ni nager sous les yeux horribles des pontons.

(Poésies)

Jules Laforgue

1860-1887

L'HIVER QUI VIENT

Blocus sentimental ! Messageries du Levant !...
Oh, tombée de la pluie ! Oh, tombée de la nuit !
Oh, le vent !...
La Toussaint, la Noël, et la Nouvelle Année,
Oh, dans les bruines, toutes mes cheminées !...
D'usines...

On ne peut plus s'asseoir, tous les bancs sont mouillés ;
Crois-moi, c'est bien fini jusqu'à l'année prochaine,
Tant les bancs sont mouillés, tant les bois sont rouillés,
Et tant les cors ont fait ton ton, ont fait ton taine !...

Ah, nuées accourues des côtes de la Manche,
Vous nous avez gâté notre dernier dimanche.

Il bruine ;
Dans la forêt mouillée, les toiles d'araignées
Ploient sous les gouttes d'eau, et c'est leur ruine.

Soleils plénipotentiaires des travaux en blonds
Des spectacles agricoles,   [Pactoles
Où êtes-vous ensevelis ?
Ce soir un soleil fichu gît au haut du coteau,
Gît sur le flanc, dans les genêts, sur son manteau,
Un soleil blanc comme un crachat d'estaminet
Sur une litière de jaunes genêts,
De jaunes genêts d'automne.
Et les cors lui sonnent !
Qu'il revienne...
Qu'il revienne à lui !
Taïaut ! Taïaut ! et hallali !
Ô triste antienne, as-tu fini !...
Et font les fous !...
Et il gît là, comme une glande arrachée dans un cou,
Et il frissonne, sans personne !...

Allons, allons, et hallali !
C'est l'Hiver bien connu qui s'amène ;
Oh ! les tournants des grandes routes,
Et sans petit Chaperon Rouge qui chemine !...
Oh ! leurs ornières des chars de l'autre mois,
Montant en don quichottesques rails
Vers les patrouilles des nuées en déroute
Que le vent malmène vers les transatlantiques
                                        [bercails !...
Accélérons, accélérons, c'est la saison bien connue,
                                        [cette fois.
Et le vent, cette nuit, il en a fait de belles !
Ô dégâts, ô nids, ô modestes jardinets !
Mon cœur et mon sommeil : ô échos des cognées !...

Tous ces rameaux avaient encor leurs feuilles vertes,
Les sous-bois ne sont plus qu'un fumier de feuilles
                                        [mortes :
Feuilles, folioles, qu'un bon vent vous emporte
Vers les étangs par ribambelles,
Ou pour le feu du garde-chasse,

Ou les sommiers des ambulances
Pour les soldats loin de la France.
C'est la saison, c'est la saison, la rouille envahit les
[masses,
La rouille ronge en leurs spleens kilométriques
Les fils télégraphiques des grandes routes où nul ne
[passe.

Les cors, les cors, les cors – mélancoliques !...
Mélancoliques !...
S'en vont, changeant de ton,
Changeant de ton et de musique,
Ton ton, ton taine, ton ton !...
Les cors, les cors, les cors !...
S'en sont allés au vent du Nord.

Je ne puis quitter ce ton : que d'échos !...
C'est la saison, c'est la saison, adieu vendanges !...
Voici venir les pluies d'une patience d'ange,
Adieu vendanges, et adieu tous les paniers,
Tous les paniers Watteau des bourrées sous les
[marronniers,
C'est la toux dans les dortoirs du lycée qui rentre,
C'est la tisane sans le foyer,
La phtisie pulmonaire attristant le quartier,
Et toute la misère des grands centres.

Mais, lainages, caoutchoucs, pharmacie, rêve,
Rideaux écartés du haut des balcons des grèves
Devant l'océan de toitures des faubourgs,
Lampes, estampes, thé, petits fours,
Serez-vous par mes seules amours !...
(Oh ! et puis, est-ce que tu connais, outre les pianos,
Le sobre et vespéral mystère hebdomadaire
Des statistiques sanitaires
Dans les journaux ?)
Non, non ! C'est la saison et la planète falote !
Que l'autan, que l'autan

Effiloche les savates que le Temps se tricote !
C'est la saison, Oh déchirements ! c'est la saison !
Tous les ans, tous les ans,
J'essaierai en chœur d'en donner la note.

(Derniers vers)

Henri de Régnier

1864-1936

ODELETTE

Un petit roseau m'a suffi
Pour faire frémir l'herbe haute
Et tout le pré
Et les doux saules
Et le ruisseau qui chante aussi ;
Un petit roseau m'a suffi
À faire chanter la forêt.

Ceux qui passent l'ont entendu
Au fond du soir, en leurs pensées,
Dans le silence et dans le vent,
Clair ou perdu,
Proche ou lointain...
Ceux qui passent en leurs pensées
En écoutant, au fond d'eux-mêmes,
L'entendront encore et l'entendent
Toujours qui chante.

Il m'a suffi
De ce petit roseau cueilli

À la fontaine où vint l'Amour
Mirer, un jour,
Sa face grave
Et qui pleurait,
Pour faire pleurer ceux qui passent
Et trembler l'herbe et frémir l'eau ;
Et j'ai, du souffle d'un roseau,
Fait chanter toute la forêt.

(Les Jeux rustiques et divins)

Paul-Jean Toulet

1867-1920

En Arles

Dans Arle, où sont les Aliscans,
Quand l'ombre est rouge, sous les roses,
    Et clair le temps,

Prends garde à la douceur des choses
Lorsque tu sens battre sans cause
    Ton cœur trop lourd ;

Et que se taisent les colombes :
Parle tout bas, si c'est d'amour,
    Au bord des tombes.

(Les Contrerimes)

Francis Jammes

1868-1938

LE VILLAGE À MIDI

Le village à midi. La mouche d'or bourdonne
        entre les cornes des bœufs.
        Nous irons, si tu le veux,
Si tu le veux, dans la campagne monotone.

Entends le coq... Entends la cloche... Entends le paon...
        Entends là-bas, là-bas, l'âne...
        L'hirondelle noire plane
Les peupliers au loin s'en vont comme un ruban.

Le puits rongé de mousse ! Écoute sa poulie
        qui grince, qui grince encor,
        car la fille aux cheveux d'or
Tient le vieux seau tout noir d'où l'argent tombe en
                                    [pluie.

La fillette s'en va d'un pas qui fait pencher
        Sur sa tête d'or la cruche
        Sa tête comme une ruche
Qui se mêle au soleil sur les fleurs du pêcher.

Et dans le bourg voici que les toits noircis lancent
        au ciel bleu des flocons bleus
        et les arbres paresseux
à l'horizon qui vibre à peine se balancent.

(De l'Angélus de l'aube à l'Angélus du soir)

André Suarès

1868-1948

ÂME DE LA NUIT

Mol et sans voix, le couperet de l'ombre descend du ciel et le jour tombe, la face contre terre, dans le fatal étang ; et les yeux s'enfoncent dans la fosse. Long crépuscule.

Je demeure, je médite et je vois.

Les ténèbres envahissent ma cellule, par la fenêtre ouverte ; le vitrail du monde se décolore, comme un visage qui se vide de sang. Et quand tout est noirceur, la profonde clarté s'est faite dans mon âme.

Comme le requin avale le nageur dans les eaux rouges de la barre, à la côte d'Afrique, le parfait désespoir me happe : et pas même un remous !

Sainte dissymétrie, contrariété terrible, condition de l'harmonie et du sublime équilibre ! Mon œil intérieur fait le tour de l'être : je saisis mes deux aspects, pareils aux deux bras, aux quatre membres, au double profil, aux deux formes jumelles et contraires qui s'opposent et s'accordent pour n'en faire qu'une, la seule qui ait la vie.

Je pousse un cri égal à celui des sphères dans leur vol, tel qu'il emplit l'espace et n'est pas entendu. Car la plénitude est silence, pour l'oreille imparfaite.

Voici mes deux mains, mes deux coupables mains, l'action et le refus ! Pleines de mal et pleines de rédemption ! Chaque ongle est un monde pour le désir. Et mes doigts qui saisissent, qui palpent, qui déchirent, sont les membres frémissants de toute convoitise, les branches à volupté, la frondaison des péchés. Ces mains, ces coupables mains qui distinguent et ne veulent pas confondre.

Or, là-dessous, mes paumes salvatrices, comme des boucliers après la bataille, offrent tout le butin, tant de trésors à qui veut les prendre : elles ne retiennent rien ; elles sont un plateau à la faim de toutes créatures, un double horizon de sacrifice où brûle, encens, la passion de servir.

Combien je me connais dans cette ombre où les autres se perdent ! Là, je me compte et je me pèse. Là, je me pense, grain à grain, jusqu'au dernier scrupule. Telle la pythonisse débrouille, entre les jambes de l'M, le grimoire de la main au filigrane de la mort, je déchiffre mes deux univers, le ciel sans fin et la sphère qui l'enferme ; et je les serre l'un sur l'autre, espace et temps. Je les pénètre et je les confonds.

Tout objet et tout sujet, ô mon âme. Tout homme et toute femme. Jour total et totale nuit ! Voilà ce que je suis.

Chaque soir, je paie rançon pour l'ivresse du jour. Pour m'être tout oublié, je me dois tout connaître ; je me suis tout donné ; et je m'indigne, je désespère du don que j'ai fait.

La journée meurt, où je m'étais mis comme un amant, sans réserve, à jamais. Perds le monde, toi qui le crées !

Le jour meurt, et voici que je ressuscite à moi-même. Terrible, plein comme l'univers, et d'un seul tenant dans les ténèbres !

166

Toute forme me quitte, où j'étais comme le regard du ciel dans la lumière, et le divin oubli de soi, dans l'ivresse de l'être. Ainsi que tout m'était, voici que je me suis tout, à présent. Au désert le moi demeure. Et je suis seul, dans la mort du soleil et du mouvement.

Seul, je vis ! Un destin pour moi-même. Je suis toute la mort. Toute forme qui meurt, c'est en moi qu'elle est morte.

Ô désespoir, ô sanglot, grandeur à gravir, sans guide et sans paroles. J'étais le monde. Je suis Moi. Voici dans le cœur de l'homme que se révèle la nuit.

(Bouclier du Zodiaque)

Edmond Rostand

1868-1918

HYMNE AU SOLEIL

(fragment)

Je t'adore, Soleil ! ô toi dont la lumière,
Pour bénir chaque front et mûrir chaque miel,
Entrant dans chaque fleur et dans chaque chaumière,
    Se divise et demeure entière
    Ainsi que l'amour maternel !

Je te chante, et tu peux m'accepter pour ton prêtre,
Toi qui viens dans la cuve où trempe un savon bleu
Et qui choisis, souvent, quand tu veux disparaître,
    L'humble vitre d'une fenêtre
    Pour lancer ton dernier adieu !

Tu fais tourner les tournesols du presbytère,
Luire le frère d'or que j'ai sur le clocher,
Et quand, par les tilleuls, tu viens avec mystère,
    Tu fais bouger des ronds par terre
    Si beaux qu'on n'ose plus marcher !

Gloire à toi sur les prés ! Gloire à toi dans les vignes !
Sois béni parmi l'herbe et contre les portails !
Dans les yeux des lézards et sur l'aile des cygnes !
  Ô toi qui fais les grandes lignes
  Et qui fais les petits détails !

C'est toi qui, découpant la sœur jumelle et sombre
Qui se couche et s'allonge au pied de ce qui luit,
De tout ce qui nous charme as su doubler le nombre,
  À chaque objet donnant une ombre
  Souvent plus charmante que lui !

Je t'adore, Soleil ! Tu mets dans l'air des roses,
Des flammes dans la source, un dieu dans le buisson !
Tu prends un arbre obscur et tu l'apothéoses !
  Ô Soleil ! toi sans qui les choses
  Ne seraient que ce qu'elles sont !

(Chantecler)

TIRADE DES NEZ

Ah ! non ! c'est un peu court, jeune homme !
On pouvait dire... Oh ! Dieu !... bien des choses en
En variant le ton, – par exemple, tenez :   [somme...
Agressif : « Moi, monsieur, si j'avais un tel nez,
Il faudrait sur-le-champ que je me l'amputasse ! »
Amical : « Mais il doit tremper dans votre tasse !
Pour boire, faites-vous fabriquer un hanap ! »
Descriptif : « C'est un roc !... c'est un pic !... c'est
                                                    [un cap !
Que dis-je, c'est un cap ?... C'est une péninsule ! »
Curieux : « De quoi sert cette oblongue capsule ?
D'écritoire, monsieur, ou de boîte à ciseaux ? »
Gracieux : « Aimez-vous à ce point les oiseaux
Que paternellement vous vous préoccupâtes
De tendre ce perchoir à leurs petites pattes ? »
Truculent : « Çà, monsieur, lorsque vous pétunez,
La vapeur du tabac vous sort-elle du nez
Sans qu'un voisin ne crie au feu de cheminée ? »
Prévenant : « Gardez-vous, votre tête entraînée
Par ce poids, de tomber en avant sur le sol ! »
Tendre : « Faites-lui faire un petit parasol
De peur que sa couleur au soleil ne se fane ! »
Pédant : « L'animal seul, monsieur, qu'Aristophane
Appelle Hippocampéléphantocamélos
Dut avoir sur le front tant de chair sur tant d'os ! »
Cavalier : « Quoi, l'ami, ce croc est à la mode ?

Pour pendre son chapeau, c'est vraiment très
[commode ! »
Emphatique : « Aucun vent ne peut, nez magistral,
T'enrhumer tout entier, excepté le mistral ! »
Dramatique : « C'est la Mer Rouge quand il saigne ! »
Admiratif : « Pour un parfumeur, quelle enseigne ! »
Lyrique : « Est-ce une conque ? êtes-vous un triton ? »
Naïf : « Ce monument, quand le visite-t-on ? »
Respectueux : « Souffrez, monsieur, qu'on vous salue ;
C'est là ce qui s'appelle avoir pignon sur rue ! »
Campagnard : « Hé, ardé ! C'est-y un nez ? Nanain !
C'est queuqu'navet géant ou ben queuqu'melon nain ! »
Militaire : « Pointez contre cavalerie ! »
Pratique : « Voulez-vous le mettre en loterie ?
Assurément, monsieur, ce sera le gros lot ! »
Enfin, parodiant Pyrame en un sanglot :
« Le voilà donc ce nez qui des traits de son maître
A détruit l'harmonie ! Il en rougit, le traître ! »
– Voilà ce qu'à peu près, mon cher, vous m'auriez dit
Si vous aviez un peu de lettres et d'esprit :
Mais d'esprit, ô le plus lamentable des êtres,
Vous n'en eûtes jamais un atome, et de lettres
Vous n'avez que les trois qui forment le mot : sot !
Eussiez-vous eu, d'ailleurs, l'invention qu'il faut
Pour pouvoir là, devant ces nobles galeries,
Me servir toutes ces folles plaisanteries,
Que vous n'en eussiez pas articulé le quart
De la moitié du commencement d'une, car
Je me les sers moi-même avec assez de verve,
Mais je ne permets pas qu'un autre me les serve.

(*Cyrano de Bergerac*, acte I, scène 4)

Paul Valéry

1871-1945

LE CIMETIÈRE MARIN

Ce toit tranquille, où marchent des colombes,
Entre les pins palpite, entre les tombes ;
Midi le juste y compose de feux
La mer, la mer, toujours recommencée !
Ô récompense après une pensée
Qu'un long regard sur le calme des dieux !

Quel pur travail de fins éclairs consume
Maint diamant d'imperceptible écume,
Et quelle paix semble se concevoir !
Quand sur l'abîme un soleil se repose,
Ouvrages purs d'une éternelle cause,
Le Temps scintille et le Songe est savoir.

Stable trésor, temple simple à Minerve,
Masse de calme, et visible réserve,
Eau sourcilleuse, Œil qui gardes en toi
Tant de sommeil sous un voile de flamme,
Ô mon silence !... Édifice dans l'âme,
Mais comble d'or aux mille tuiles, Toit !

Temple du Temps, qu'un seul soupir résume,
À ce point pur je monte et m'accoutume,
Tout entouré de mon regard marin ;
Et comme aux dieux mon offrande suprême,
La scintillation sereine sème
Sur l'altitude un dédain souverain.

Comme le fruit se fond en jouissance,
Comme en délice il change son absence
Dans une bouche où sa forme se meurt,
Je hume ici ma future fumée,
Et le ciel chante à l'âme consumée
Le changement des rives en rumeur.

Beau ciel, vrai ciel, regarde-moi qui change !
Après tant d'orgueil, après tant d'étrange
Oisiveté, mais pleine de pouvoir,
Je m'abandonne à ce brillant espace,
Sur les maisons des morts mon ombre passe
Qui m'apprivoise à son frêle mouvoir.

L'âme exposée aux torches du solstice,
Je te soutiens, admirable justice
De la lumière aux armes sans pitié !
Je te rends pure à ta place première :
Regarde-toi !... Mais rendre la lumière
Suppose d'ombre une morne moitié.

Ô pour moi seul, à moi seul, en moi-même,
Auprès d'un cœur, aux sources du poème,
Entre le vide et l'événement pur,
J'attends l'écho de ma grandeur interne,
Amère, sombre et sonore citerne,
Sonnant dans l'âme un creux toujours futur !

Sais-tu, fausse captive des feuillages,
Golfe mangeur de ces maigres grillages,
Sur mes yeux clos, secrets éblouissants,

Quel corps me traîne à sa fin paresseuse,
Quel front l'attire à cette terre osseuse ?
Une étincelle y pense à mes absents.

Fermé, sacré, plein d'un feu sans matière,
Fragment terrestre offert à la lumière,
Ce lieu me plaît, dominé de flambeaux,
Composé d'or, de pierre et d'arbres sombres,
Où tant de marbre est tremblant sur tant d'ombres ;
La mer fidèle y dort sur mes tombeaux !

Chienne splendide, écarte l'idolâtre !
Quand solitaire au sourire de pâtre,
Je pais longtemps, moutons mystérieux,
Le blanc troupeau de mes tranquilles tombes,
Éloignes-en les prudentes colombes,
Les songes vains, les anges curieux !

Ici venu, l'avenir est paresse.
L'insecte net gratte la sécheresse ;
Tout est brûlé, défait, reçu dans l'air
À je ne sais quelle sévère essence...
La vie est vaste, étant ivre d'absence,
Et l'amertume est douce, et l'esprit clair.

Les morts cachés sont bien dans cette terre
Qui les réchauffe et sèche leur mystère.
Midi là-haut, Midi sans mouvement
En soi se pense et convient à soi-même...
Tête complète et parfait diadème,
Je suis en toi le secret changement.

Tu n'as que moi pour contenir tes craintes !
Mes repentirs, mes doutes, mes contraintes
Sont le défaut de ton grand diamant...
Mais dans leur nuit toute lourde de marbres,
Un peuple vague aux racines des arbres
A pris déjà ton parti lentement.

Ils ont fondu dans une absence épaisse,
L'argile rouge a bu la blanche espèce,
Le don de vivre a passé dans les fleurs !
Où sont des morts les phrases familières,
L'art personnel, les âmes singulières ?
La larve file où se formaient des pleurs.

Les cris aigus des filles chatouillées,
Les yeux, les dents, les paupières mouillées,
Le sein charmant qui joue avec le feu,
Le sang qui brille aux lèvres qui se rendent,
Les derniers dons, les doigts qui les défendent,
Tout va sous terre et rentre dans le jeu !

Et vous, grande âme, espérez-vous un songe
Qui n'aura plus ces couleurs de mensonge
Qu'aux yeux de chair l'onde et l'or font ici ?
Chanterez-vous quand serez vaporeuse ?
Allez ! Tout fuit ! Ma présence est poreuse,
La sainte impatience meurt aussi !

Maigre immortalité noire et dorée,
Consolatrice affreusement laurée,
Qui de la mort fais un sein maternel,
Le beau mensonge et la pieuse ruse !
Qui ne connaît, et qui ne les refuse,
Ce crâne vide et ce rire éternel !

Pères profonds, têtes inhabitées,
Qui sous le poids de tant de pelletées,
Êtes la terre et confondez nos pas,
Le vrai rongeur, le ver irréfutable
N'est point pour vous qui dormez sous la table,
Il vit de vie, il ne me quitte pas !

Amour, peut-être, ou de moi-même haine ?
Sa dent secrète est de moi si prochaine
Que tous les noms lui peuvent convenir !

Qu'importe ! Il voit, il veut, il songe, il touche !
Ma chair lui plaît, et jusque sur ma couche,
À ce vivant je vis d'appartenir !

Zénon ! Cruel Zénon ! Zénon d'Élée !
M'as-tu percé de cette flèche ailée
Qui vibre, vole, et qui ne vole pas !
Le son m'enfante et la flèche me tue !
Ah ! le soleil... Quelle ombre de tortue
Pour l'âme, Achille immobile à grands pas !

Non, non !... Debout ! Dans l'ère successive !
Brisez, mon corps, cette forme pensive !
Buvez, mon sein, la naissance du vent !
Une fraîcheur, de la mer exhalée,
Me rend mon âme... Ô puissance salée !
Courons à l'onde en rejaillir vivant !

Oui ! Grande mer de délires douée,
Peau de panthère et chlamyde trouée
De mille et mille idoles du soleil,
Hydre absolue, ivre de ta chair bleue,
Qui te remords l'étincelante queue
Dans un tumulte au silence pareil,

Le vent se lève !... Il faut tenter de vivre !
L'air immense ouvre et referme mon livre,
La vague en poudre ose jaillir des rocs !
Envolez-vous, pages tout éblouies !
Rompez, vagues ! Rompez d'eaux réjouies
Ce toit tranquille où picoraient des focs !

(Charmes)

Paul Fort

1872-1960

Si toutes les filles du monde voulaient s' donner la main, tout autour de la mer, elles pourraient faire une ronde.

Si tous les gars du monde voulaient bien êtr' marins, ils f'raient avec leurs barques un joli pont sur l'onde.

Alors on pourrait faire une ronde autour du monde, si tous les gens du monde voulaient s' donner la main.

(Ballades françaises)

LE BONHEUR

Le bonheur est dans le pré. Cours-y vite, cours-y vite. Le bonheur est dans le pré. Cours-y vite. Il va filer.

Si tu veux le rattraper, cours-y vite, cours-y vite. Si tu veux le rattraper, cours-y vite. Il va filer.

Dans l'ache et le serpolet, cours-y vite, cours-y vite, dans l'ache et le serpolet, cours-y vite. Il va filer.

Sur les cornes du bélier, cours-y vite, cours-y vite, sur les cornes du bélier, cours-y vite. Il va filer.

Sur le flot du sourcelet, cours-y vite, cours-y vite, sur le flot du sourcelet, cours-y vite. Il va filer.

De pommier en cerisier, cours-y vite, cours-y vite, de pommier en cerisier, cours-y vite. Il va filer.

Saute par-dessus la haie, cours-y vite, cours-y vite, saute par-dessus la haie, cours-y vite ! Il a filé !

(Ballades françaises)

COMPLAINTE DU PETIT CHEVAL BLANC

Le petit cheval dans le mauvais temps, qu'il avait donc du courage ! C'était un petit cheval blanc, tous derrière et lui devant.

Il n'y avait jamais de beau temps dans ce pauvre paysage. Il n'y avait jamais de printemps, ni derrière ni devant.

Mais toujours il était content, menant les gars du village, à travers la pluie noire des champs, tous derrière et lui devant.

Sa voiture allait poursuivant sa belle petite queue sauvage. C'est alors qu'il était content, eux derrière et lui devant.

Mais un jour, dans le mauvais temps, un jour qu'il était si sage, il est mort par un éclair blanc, tous derrière et lui devant.

Il est mort sans voir le beau temps, qu'il avait donc du courage ! Il est mort sans voir le printemps ni derrière ni devant.

(Ballades françaises)

Charles Péguy

1873-1914

ADIEU À LA MEUSE

Adieu, Meuse endormeuse et douce à mon enfance,
Qui demeures aux prés, où tu coules tout bas.
Meuse, adieu : j'ai déjà commencé ma partance
En des pays nouveaux où tu ne coules pas.

Voici que je m'en vais en des pays nouveaux :
Je ferai la bataille et passerai les fleuves ;
Je m'en vais m'essayer à de nouveaux travaux,
Je m'en vais commencer là-bas les tâches neuves.

Et pendant ce temps-là, Meuse ignorante et douce,
Tu couleras toujours, passante accoutumée,
Dans la vallée heureuse où l'herbe vive pousse,

Ô Meuse inépuisable et que j'avais aimée.

Tu couleras toujours dans l'heureuse vallée ;
Où tu coulais hier, tu couleras demain.
Tu ne sauras jamais la bergère en allée,
Qui s'amusait, enfant, à creuser de sa main
Des canaux dans la terre, – à jamais écroulés.

La bergère s'en va, délaissant les moutons,
Et la fileuse va, délaissant les fuseaux.
Voici que je m'en vais loin de tes bonnes eaux,
Voici que je m'en vais bien loin de nos maisons.

Meuse qui ne sais rien de la souffrance humaine,
Ô Meuse inaltérable et douce à toute enfance,
Ô toi qui ne sais pas l'émoi de la partance,
Toi qui passes toujours et qui ne pars jamais,
Ô toi qui ne sais rien de nos mensonges faux,

Ô Meuse inaltérable, ô Meuse que j'aimais,

Quand reviendrai-je ici filer encor la laine ?
Quand verrai-je tes flots qui passent par chez nous ?
Quand nous reverrons-nous ? et nous reverrons-nous ?

Meuse que j'aime encore, ô ma Meuse que j'aime...

(Le Mystère de Jeanne d'Arc)

Guillaume Apollinaire

1880-1918

LE PONT MIRABEAU

Sous le pont Mirabeau coule la Seine
        Et nos amours
    Faut-il qu'il m'en souvienne
La joie venait toujours après la peine

    Vienne la nuit sonne l'heure
    Les jours s'en vont je demeure

Les mains dans les mains restons face à face
        Tandis que sous
    Le pont de nos bras passe
Des éternels regards l'onde si lasse

    Vienne la nuit sonne l'heure
    Les jours s'en vont je demeure

L'amour s'en va comme cette eau courante
        L'amour s'en va
    Comme la vie est lente
Et comme l'Espérance est violente

Vienne la nuit sonne l'heure
Les jours s'en vont je demeure

Passent les jours et passent les semaines
    Ni temps passé
  Ni les amours reviennent
Sous le pont Mirabeau coule la Seine

Vienne la nuit sonne l'heure
Les jours s'en vont je demeure

(Alcools)

L'ADIEU

J'ai cueilli ce brin de bruyère
L'automne est morte souviens-t'en
Nous ne nous verrons plus sur terre
Odeur du temps brin de bruyère
Et souviens-toi que je t'attends

*

SALTIMBANQUES

Dans la plaine les baladins
S'éloignent au long des jardins
Devant l'huis des auberges grises
Par les villages sans églises

Et les enfants s'en vont devant
Les autres suivent en rêvant
Chaque arbre fruitier se résigne
Quand de très loin ils lui font signe

Ils ont des poids ronds ou carrés
Des tambours des cerceaux dorés
L'ours et le singe animaux sages
Quêtent des sous sur leur passage.

(Alcools)

LA CHANSON DU MAL-AIMÉ

À Paul Léautaud

Et je chantais cette romance
En 1903 sans savoir
Que mon amour à la semblance
Du beau Phénix s'il meurt un soir
Le matin voit sa renaissance

Un soir de demi-brume à Londres
Un voyou qui ressemblait à
Mon amour vint à ma rencontre
Et le regard qu'il me jeta
Me fit baisser les yeux de honte

Je suivis ce mauvais garçon
Qui sifflotait mains dans les poches
Nous semblions entre les maisons
Onde ouverte de la mer Rouge
Lui les Hébreux moi Pharaon

Que tombent ces vagues de briques
Si tu ne fus pas bien aimée
Je suis le souverain d'Égypte
Sa sœur-épouse son armée
Si tu n'es pas l'amour unique

Au tournant d'une rue brûlant
De tous les feux de ses façades

Plaies du brouillard sanguinolent
Où se lamentaient les façades
Une femme lui ressemblant

C'était son regard d'inhumaine
La cicatrice à son cou nu
Sortit saoule d'une taverne
Au moment où je reconnus
La fausseté de l'amour même

Lorsqu'il fut de retour enfin
Dans sa patrie le sage Ulysse
Son vieux chien de lui se souvint
Près d'un tapis de haute lisse
Sa femme attendait qu'il revînt

L'époux royal de Sacontale
Las de vaincre se réjouit
Quand il la retrouva plus pâle
D'attente et d'amour yeux pâlis
Caressant sa gazelle mâle

J'ai pensé à ces rois heureux
Lorsque le faux amour et celle
Dont je suis encore amoureux
Heurtant leurs ombres infidèles
Me rendirent si malheureux

Regrets sur quoi l'enfer se fonde
Qu'un ciel d'oubli s'ouvre à mes vœux
Pour son baiser les rois du monde
Seraient morts les pauvres fameux
Pour elle eussent vendu leur ombre

J'ai hiverné dans mon passé
Revienne le soleil de Pâques
Pour chauffer un cœur plus glacé
Que les quarante de Sébaste
Moins que ma vie martyrisés

Mon beau navire ô ma mémoire
Avons-nous assez navigué
Dans une onde mauvaise à boire
Avons-nous assez divagué
De la belle aube au triste soir

Adieux faux amour confondu
Avec la femme qui s'éloigne
Avec celle que j'ai perdue
L'année dernière en Allemagne
Et que je ne reverrai plus

Voie lactée ô sœur lumineuse
Des blancs ruisseaux de Chanaan
Et des corps blancs des amoureuses
Nageurs morts suivrons-nous d'ahan
Ton cours vers d'autres nébuleuses

Je me souviens d'une autre année
C'était l'aube d'un jour d'avril
J'ai chanté ma joie bien-aimée
Chanté l'amour à voix virile
Au moment d'amour de l'année

(Alcools)

Jules Supervielle

1884-1960

LES AMIS INCONNUS

Il vous naît un poisson qui se met à tourner
Tout de suite au plus noir d'une lampe profonde,
Il vous naît une étoile au-dessus de la tête,
Elle voudrait chanter mais ne peut faire mieux
Que ses sœurs de la nuit les étoiles muettes.

Il vous naît un oiseau dans la force de l'âge,
En plein vol, et cachant votre histoire en son cœur
Puisqu'il n'a que son cri d'oiseau pour la montrer.
Il vole sur les bois, se choisit une branche
Et s'y pose, on dirait qu'elle est comme les autres.

Où courent-ils ainsi ces lièvres, ces belettes,
Il n'est pas de chasseur encor dans la contrée,
Et quelle peur les hante et les fait se hâter,
L'écureuil qui devient feuille et bois dans sa fuite,
La biche et le chevreuil soudain déconcertés ?

Il vous naît un ami, et voilà qu'il vous cherche
Il ne connaîtra pas votre nom ni vos yeux

Mais il faudra qu'il soit touché comme les autres
Et loge dans son cœur d'étranges battements
Qui lui viennent de jours qu'il n'aura pas vécus.

Et vous, que faites-vous, ô visage troublé,
Par ces brusques passants, ces bêtes, ces oiseaux,
Vous qui vous demandez, vous, toujours sans nouvelles
« Si je croise jamais un des amis lointains
Au mal que je lui fis vais-je le reconnaître ? »

Pardon pour vous, pardon pour eux, pour le silence
Et les mots inconsidérés,
Pour les phrases venant de lèvres inconnues
Qui vous touchent de loin comme balles perdues,
Et pardon pour les fronts qui semblent oublieux.

(Les Amis inconnus)

Francis Carco

1886-1958

Le doux caboulot
Fleuri sous les branches
Est, tous les dimanches,
Plein de populo.

La servante est brune,
Que de gens heureux !
Chacun sa chacune,
L'une et l'un font deux

Amoureux épris
Du culte d'eux-mêmes.
Ah ! sûr que l'on s'aime
Et que l'on est gris !

Ça durera bien
Le temps nécessaire
Pour que Jeanne et Pierre
Ne regrettent rien.

(La Bohème et mon cœur)

Blaise Cendrars

1887-1961

TU ES PLUS BELLE QUE LE CIEL ET LA MER

Quand tu aimes il faut partir
Quitte ta femme quitte ton enfant
Quitte ton ami quitte ton amie
Quitte ton amante quitte ton amant
Quand tu aimes il faut partir

Le monde est plein de nègres et de négresses
Des femmes des hommes des hommes des femmes
Regarde les beaux magasins
Ce fiacre cet homme cette femme ce fiacre
Et toutes les belles marchandises

Il y a l'air il y a le vent
Les montagnes l'eau le ciel la terre
Les enfants les animaux
Les plantes et le charbon de terre

Apprends à vendre à acheter à revendre
Donne prends donne prends

Quand tu aimes il faut savoir
Chanter courir manger boire
Siffler
Et apprendre à travailler

Quand tu aimes il faut partir
Ne larmoie pas en souriant
Ne te niche pas entre deux seins
Respire marche pars va-t-en

Je prends mon bain et je regarde
Je vois la bouche que je connais
La main la jambe l'œil
Je prends mon bain et je regarde

Le monde entier est toujours là
La vie pleine de choses surprenantes
Je sors de la pharmacie
Je descends juste de la bascule
Je pèse mes 80 kilos
Je t'aime

(Feuilles de route)

Saint-John Perse

1887-1975

« ... Toujours il y eut cette clameur, toujours il y eut cette splendeur,

Et comme un haut fait d'armes en marche par le monde, comme un dénombrement de peuples en exode, comme une fondation d'empires par tumulte prétorien, ha ! comme un gonflement de lèvres sur la naissance des grands Livres,

Cette grande chose sourde par le monde et qui s'accroît soudain comme une ébriété.

« ... Toujours il y eut cette clameur, toujours il y eut cette grandeur,

Cette chose errante par le monde, cette haute transe par le monde, et sur toutes grèves de ce monde, du même souffle proférée, la même vague proférant

Une seule et longue phrase sans césure à jamais inintelligible...

« ... Toujours il y eut cette clameur, toujours il y eut cette fureur,

Et ce très haut ressac au comble de l'accès, toujours, au faîte du désir, la même mouette sur son aile, la même mouette sur son aire, à tire-d'aile ralliant les stances de l'exil, et sur toutes grèves de ce monde, du même souffle proférée, la même plainte sans mesure

À la poursuite, sur les sables, de mon âme numide... »

« Je vous connais, ô monstre ! Nous voici de nouveau face à face. Nous reprenons ce long débat où nous l'avions laissé.

Et vous pouvez pousser vos arguments comme des mufles bas sur l'eau : je ne vous laisserai point de pause ni répit.

Sur trop de grèves visitées furent mes pas lavés avant le jour, sur trop de couches désertées fut mon âme livrée au cancer du silence.

Que voulez-vous encore de moi, ô souffle originel ? Et vous, que pensez-vous encore tirer de ma lèvre vivante,

Ô force errante sur mon seuil, ô Mendiante dans nos voies et sur les traces du Prodigue ?

Le vent nous conte sa vieillesse, le vent nous conte sa jeunesse... Honore, ô Prince, ton exil !

Et soudain tout m'est force et présence, où fume encore le thème du néant. »

« ... Plus haute, chaque nuit, cette clameur muette sur mon seuil, plus haute, chaque nuit, cette levée de siècles sous l'écaille.

Et, sur toutes grèves de ce monde, un ïambe plus farouche à nourrir de mon être !...

Tant de hauteur n'épuisera la rive accore de ton seuil, ô Saisisseur de glaives à l'aurore,

Ô Manieur d'aigles par leurs angles, et Nourrisseur des filles les plus aigres sous la plume de fer !

Toute chose à naître s'horripile à l'orient du monde, toute chair naissante exulte aux premiers feux du jour !

Et voici qu'il s'élève une rumeur plus vaste par le monde, comme une insurrection de l'âme...

194

Tu ne te tairas point, clameur ! que je n'aie dépouillé sur les sables toute allégeance humaine. (Qui sait encore le lieu de sa naissance ?) »

(Exil, III)

Paul Eluard

1895-1952

COUVRE-FEU

Que voulez-vous la porte était gardée
Que voulez-vous nous étions enfermés
Que voulez-vous la rue était barrée
Que voulez-vous la ville était matée

Que voulez-vous elle était affamée
Que voulez-vous nous étions désarmés
Que voulez-vous la nuit était tombée
Que voulez-vous nous nous sommes aimés.

(Poésie et Vérité)

POUR VIVRE ICI

Je fis un feu, l'azur m'ayant abandonné,
Un feu pour être son ami,
Un feu pour m'introduire dans la nuit d'hiver,
Un feu pour vivre mieux.

Je lui donnai ce que le jour m'avait donné :
Les forêts, les buissons, les champs de blé, les vignes,
Les nids et les oiseaux, les maisons et leurs clés,
Les insectes, les fleurs, les fourrures, les fêtes.

Je vécus au seul bruit des flammes crépitantes,
Au seul parfum de leur chaleur ;
J'étais comme un bateau coulant dans l'eau fermée,
Comme un mort je n'avais qu'un unique élément.

(Premiers Poèmes)

Louis Aragon

1897-1982

LES YEUX D'ELSA

Tes yeux sont si profonds qu'en me penchant pour boire
J'ai vu tous les soleils y venir se mirer
S'y jeter à mourir tous les désespérés
Tes yeux sont si profonds que j'y perds la mémoire

À l'ombre des oiseaux c'est l'océan troublé
Puis le beau temps soudain se lève et tes yeux changent
L'été taille la nue au tablier des anges
Le ciel n'est jamais bleu comme il l'est sur les blés

Les vents chassent en vain les chagrins de l'azur
Tes yeux plus clairs que lui lorsqu'une larme y luit
Tes yeux rendent jaloux le ciel d'après la pluie
Le verre n'est jamais si bleu qu'à sa brisure.

Mère des Sept douleurs ô lumière mouillée
Sept glaives ont percé le prisme des couleurs
Le jour est plus poignant qui point entre les pleurs
L'iris troué de noir plus bleu d'être endeuillé

Tes yeux dans le malheur ouvrent la double brèche
Par où se reproduit le miracle des Rois
Lorsque le cœur battant ils virent tous les trois
Le manteau de Marie accroché dans la crèche

Une bouche suffit au mois de Mai des mots
Pour toutes les chansons et pour tous les hélas
Trop peu d'un firmament pour des millions d'astres
Il leur fallait tes yeux et leurs secrets gémeaux

L'enfant accaparé par les belles images
Écarquille les siens moins démesurément
Quand tu fais les grands yeux je ne sais si tu mens
On dirait que l'averse ouvre des fleurs sauvages

Cachent-ils des éclairs dans cette lavande où
Des insectes défont leurs amours violentes
Je suis pris au filet des étoiles filantes
Comme un marin qui meurt en mer en plein mois d'août

J'ai retiré ce radium de la pechblende
Et j'ai brûlé mes doigts à ce feu défendu
Ô paradis cent fois retrouvé reperdu
Tes yeux sont mon Pérou ma Golconde mes Indes

Il advint qu'un beau soir l'univers se brisa
Sur des récifs que les naufrageurs enflammèrent
Moi je voyais briller au-dessus de la mer
Les yeux d'Elsa les yeux d'Elsa les yeux d'Elsa

(Les Yeux d'Elsa)

IL N'Y A PAS D'AMOUR HEUREUX

Rien n'est jamais acquis à l'homme Ni sa force
Ni sa faiblesse ni son cœur Et quand il croit
Ouvrir ses bras son ombre est celle d'une croix
Et quand il croit serrer son bonheur il le broie
Sa vie est un étrange et douloureux divorce
    Il n'y a pas d'amour heureux

Sa vie Elle ressemble à ces soldats sans armes
Qu'on avait habillés pour un autre destin
À quoi peut leur servir de se lever matin
Eux qu'on retrouve au soir désœuvrés incertains
Dites ces mots Ma vie Et retenez vos larmes
    Il n'y a pas d'amour heureux

Mon bel amour mon cher amour ma déchirure
Je te porte dans moi comme un oiseau blessé
Et ceux-là sans savoir nous regardent passer
Répétant après moi les mots que j'ai tressés
Et qui pour tes grands yeux tout aussitôt moururent
    Il n'y a pas d'amour heureux

Le temps d'apprendre à vivre il est déjà trop tard
Que pleurent dans la nuit nos cœurs à l'unisson
Ce qu'il faut de malheur pour la moindre chanson
Ce qu'il faut de regrets pour payer un frisson
Ce qu'il faut de sanglots pour un air de guitare
    Il n'y a pas d'amour heureux

Il n'y a pas d'amour qui ne soit à douleur
Il n'y a pas d'amour dont on ne soit meurtri
Il n'y a pas d'amour dont on ne soit flétri
Et pas plus que toi l'amour de la patrie
Il n'y a pas d'amour qui ne vive de pleurs
    Il n'y a pas d'amour heureux
    Mais c'est notre amour à tous deux

(La Diane française)

Robert Desnos

1900-1945

J'AI TANT RÊVÉ DE TOI

J'ai tant rêvé de toi que tu perds ta réalité.

Est-il encore temps d'atteindre ce corps vivant et de baiser sur cette bouche la naissance de la voix qui m'est chère ?

J'ai tant rêvé de toi que mes bras habitués en étreignant ton ombre à se croiser sur ma poitrine ne se plieraient pas au contour de ton corps, peut-être.

Et que, devant l'apparence réelle de ce qui me hante et me gouverne depuis des jours et des années, je deviendrais une ombre sans doute.

Ô balances sentimentales.

J'ai tant rêvé de toi qu'il n'est plus temps sans doute que je m'éveille. Je dors debout, le corps exposé à toutes les apparences de la vie et de l'amour et toi, la seule qui compte aujourd'hui pour moi, je pourrais moins toucher ton front et tes lèvres que les premières lèvres et le premier front venu.

J'ai tant rêvé de toi, tant marché, parlé, couché avec ton fantôme qu'il ne me reste plus peut-être, et pourtant, qu'à être fantôme parmi les fantômes et plus ombre cent fois que l'ombre qui se promène et se promènera allégrement sur le cadran solaire de ta vie.

Jacques Prévert

1900-1977

BARBARA

Rappelle-toi Barbara
Il pleuvait sans cesse sur Brest ce jour-là
Et tu marchais souriante
Épanouie ravie ruisselante
Sous la pluie
Rappelle-toi Barbara
Il pleuvait sans cesse sur Brest

Et je t'ai croisée rue de Siam
Tu souriais
Et moi je souriais de même
Rappelle-toi Barbara
Toi que je ne connaissais pas
Toi qui ne me connaissais pas
Rappelle-toi
Rappelle-toi quand même ce jour-là
N'oublie pas
Un homme sous un porche s'abritait
Et il a crié ton nom

Barbara
Et tu as couru vers lui sous la pluie
Ruisselante ravie épanouie
Et tu t'es jetée dans ses bras
Rappelle-toi cela Barbara
Et ne m'en veux pas si je te tutoie
Je dis tu à tous ceux que j'aime
Même si je ne les ai vus qu'une seule fois
Je dis tu à tous ceux qui s'aiment
Même si je ne les connais pas
Rappelle-toi Barbara
N'oublie pas
Cette pluie sage et heureuse
Sur ton visage heureux
Sur cette ville heureuse
Cette pluie sur la mer
Sur l'arsenal
Sur le bateau d'Ouessant
Oh Barbara
Quelle connerie la guerre
Qu'es-tu devenue maintenant
Sous cette pluie de fer
De feu d'acier de sang
Et celui qui te serrait dans ses bras
Amoureusement.
Est-il mort disparu ou bien encore vivant
Oh Barbara
Il pleut sans cesse sur Brest
Comme il pleuvait avant
Mais ce n'est plus pareil et tout est abîmé
C'est une pluie de deuil terrible et désolée
Ce n'est même plus l'orage
De fer d'acier de sang
Tout simplement des nuages
Qui crèvent comme des chiens
Des chiens qui disparaissent

Au fil de l'eau sur Brest
Et vont pourrir au loin
Au loin très loin de Brest
Dont il ne reste rien.

(Paroles)

René Guy Cadou

1920-1951

Pourquoi n'allez-vous pas à Paris ?
— Mais l'odeur des lys ! Mais l'odeur des lys !

— Les rives de la Seine ont aussi leurs fleuristes
— Mais pas assez tristes oh ! pas assez tristes !

Je suis malade du vert des feuilles et des chevaux
Des servantes bousculées dans les remises du château

— Mais les rues de Paris ont aussi leurs servantes
— Que le diable tente ! que le diable tente !

Mais moi seul dans la grande nuit mouillée
L'odeur des lys et la campagne agenouillée

Cette amère montée du sol qui m'environne
Le désespoir et le bonheur de ne plaire à personne

— Tu périras d'oubli et dévoré d'orgueil
— Oui mais l'odeur des lys la liberté des feuilles !

(Poésie la vie entière)

Boris Vian

1920-1959

LE DÉSERTEUR

Monsieur le Président
Je vous fais une lettre
Que vous lirez peut-être
Si vous avez le temps
Je viens de recevoir
Mes papiers militaires
Pour partir à la guerre
Avant mercredi soir
Monsieur le Président
Je ne veux pas la faire
Je ne suis pas sur terre
Pour tuer des pauvres gens
C'est pas pour vous fâcher
Il faut que je vous dise
Ma décision est prise
Je m'en vais déserter

Depuis que je suis né
J'ai vu mourir mon père
J'ai vu partir mes frères
Et pleurer mes enfants

Ma mère a tant souffert
Qu'elle est dedans sa tombe
Et se moque des bombes
Et se moque des vers
Quand j'étais prisonnier
On m'a volé ma femme
On m'a volé mon âme
Et tout mon cher passé
Demain de bon matin
Je fermerai ma porte
Au nez des années mortes
J'irai sur les chemins

Je mendierai ma vie
Sur les routes de France
De Bretagne en Provence
Et je dirai aux gens
Refusez d'obéir
Refusez de la faire
N'allez pas à la guerre
Refusez de partir
S'il faut donner son sang
Allez donner le vôtre
Vous êtes bon apôtre
Monsieur le Président
Si vous me poursuivez
Prévenez vos gendarmes
Que je n'aurai pas d'armes
Et qu'ils pourront tirer.

Table des poèmes

(présentés dans l'ordre chronologique)

INDEX ALPHABÉTIQUE

Alfred DE MUSSET, (1810-1857).

Gérard DE NERVAL, (1809-1855).

Charles D'ORLÉANS, (1391-1465).

Charles PÉGUY, (1873-1914).

Saint-John PERSE, (1887-1975).

Jacques PRÉVERT, (1900-1977).

Sully PRUDHOMME, (1839-1907).

Jean RACINE, (1639-1699).

Henri DE RÉGNIER, (1864-1936).

Arthur RIMBAUD, (1854-1891).

Maurice ROLLINAT, (1846-1903).

Pierre DE RONSARD, (1524-1585).

Edmond ROSTAND, (1868-1918).

RUTEBEUF, (1225-1285).

André SUARÈS (1868-1948).

Jules SUPERVIELLE, (1884-1960).

André THEURIET, (1833-1907).

Paul-Jean TOULET, (1867-1920).

Paul VALÉRY, (1871-1945).

Paul VERLAINE, (1844-1896).

Boris VIAN, (1920-1959).

Alfred DE VIGNY, (1797-1863).

François VILLON, (1431-1465).

VOLTAIRE, (1694-1778).

REMERCIEMENTS

Malgré nos recherches, il est possible que nous n'ayons pu identifier tous les ayants droit des poèmes cités. Dans ce cas, nous les prions de s'adresser à nous afin de nous permettre de combler des lacunes dont ils voudront bien nous excuser. Si leur œuvre n'est pas tombée dans le domaine public, un compte leur est ouvert à nos éditions.

Nous remercions tous les auteurs ou leurs représentants pour les autorisations de reproduction qu'ils nous ont accordées.

Nous tenons à remercier particulièrement LES ÉDITEURS suivants, qui conservent l'entier copyright sur ces poèmes ou textes de leur fonds :

ALBIN MICHEL ©

Francis CARCO, « Le doux caboulot », in *La Bohème et mon cœur*.

DENOËL ©

(1947, 1963, 2001) et © Miriam Cendrars, 1961.
Blaise CENDRARS, « Tu es plus belle que le ciel et la mer », in *Feuilles de route*.

Achevé d' imprimer en août 2011 en Espagne par
Black Print CPI Iberica, S.L.
Sant Andreu de la Barca (08740)
Dépôt légal 1re publication : mai 2002
Édition 11 –août 2011
Librairie Générale Française – 31, rue de Fleurus – 75278 Paris Cedex 06